会社経営の教科書

女性起業家が知っておきたい会社づくりのきほん

EY新日本有限責任監査法人
Entrepreneurial Winning Women 編

同文舘出版

刊行にあたって

　EY新日本有限責任監査法人では、2012年から女性起業家支援のためのネットワークを立ち上げ、独自の活動を展開してまいりました。2018年からはEYグローバルのプログラムとの連携を図り、現在はEntrepreneurial Winning Women（EWW）として、女性起業家を主に経営管理の側面からサポートしています。

　EWWの活動を通じた女性起業家の方々との交流の中で、私たちは女性が社会で活躍するためには仕事に必要な知識や経験を自ら率先して身に付ける機会の重要性を感じてきました。ヒト・モノ・カネの経営資源をどう管理し、会社の成長に役立てるにはどうすればよいか、決算書や事業計画書は何に注意をして作るのか、税金はどのような仕組みで計算されるのか等、経営者が理解し取り組むべき課題は広範です。

　このように会社経営は初めてという方々のために、私たちは2014年に「会社づくりのきほん」と考えられる基礎知識を広く解説した『会社経営の教科書』を出版しましたが、近年注目を浴びているパーパス経営を織り込むなどの見直しを行い、このたび改訂版を刊行する運びとなりました。公私共に忙しい女性起業家が肩の力を抜いて読んでいただけるように、図解やイラストを多用し、平易な言葉での説明を心掛けています。本書をお読みいただいた皆様が会社の成長段階の各ステージで活用され、皆様の更なる飛躍の一助となれば幸いです。

　最後になりますが、初版で編集責任者を務められた公認会計士の金子裕子氏と、本書の出版にあたり多大なるご尽力をいただきました同文舘出版の大関温子さん、高清水純さんの両氏にこの場を借りて心より御礼申し上げます。

　2025年2月

EY新日本有限責任監査法人

執筆者一同

本書の構成と特徴

本書は8つの章から構成されます。各章はテーマ別に見開き単位で構成されており、どこから読んでもわかるつくりとなっています。

特徴1 各章の導入は、4コマまんがで始まります。ここで章のテーマと課題をつかみます。

特徴2 各見開きは、左ページが文章、右ページが図解となっています。文章と図解を組み合わせることで、各論点の理解がしやすくなります。

特徴3 専門用語は最小限とし、専門知識がなくても理解しやすい文章を心がけました。

特徴4 キラキラ社という架空の会社をモデルとすることにより、イメージがわくようなしくみにしました。

特徴5 主人公のみなみ社長、指南役である岩井先生ほかの登場人物が各章で活躍し、楽しく読み進められるようになっています。

このほか、各章末には、実際に活躍する女性起業家からのメッセージコラムもあります。

それでは、どうぞ本編をお楽しみください。

登場人物紹介

みなみ社長
デザイナー修行を10年し、3年前、
念願のアパレル会社（キラキラ社）を興す。
前向きの元気印だが、
時には失敗することも…。

はるかさん
キラキラ社の営業部リーダー。
ウェブデザイナーでもあり、
ネット販売を盛り上げる。

太郎くん
キラキラ社の管理部リーダー。
数字に強く、冷静沈着。

岩井先生
公認会計士。キラキラ社の直営店出店にあたり、コンサルタントとして、経営を指導。

キラキラ社創世記

早瀬みなみ、35歳。
子どものときからの夢を叶えて、
ファッションデザイナーとなった。
「夢は叶ったけど、もっともっと多くの人に、
私が作った洋服を着てもらいたい!」

新たな夢を抱いて、3年前に自力で
キラキラ社を立ち上げ、
自社ブランドの洋服を
ネット販売している。
社員にははるかさんと太郎くんという
頼もしい味方がいる。

キラキラ社立ち上げ当初は、
商品が売れず、壁にぶつかった。
「どんな服なら着てもらえるの?」
「どうしたら買ってもらえるの?」

悩みに悩んだある日。
あるテレビ番組にくぎづけに。
「この２本の大根、
　どちらが細いでしょうか？」
テレビに映る大根を見ると、
右の方が細く見える。

「左の方が太く見えますが、
実はこの２本は同じ太さなのです！
右は細い部分だけが見えているから、
全体が細く見えたという、
目の錯覚なんです！」

目の錯覚で細く見える…。その言葉が
みなみ社長の頭を何度も駆け巡り、
ひらめいた！
「『目の錯覚を利用した着やせ服』って
　いいかも！　私が着てもらいたい、
　私と同世代の、体型が気になり始めた
　女性にぴったり！」

目の錯覚を利用した服を
提案したところ、大好評。
スリム美人に見えるだけでなく、
着心地の良さにもこだわった機能性が
高く評価された。

30代向け女性ファッション誌でも
話題の服として取り上げられ、
働くアラサー女子の間で話題になった。
どんどん受注が増え、
とうとう売上実績が
予算を達成した。

起業から3年たち、
さらに口コミで
『錯覚着やせ服』が広がり、
次から次へと仕事が
入るようになってきている。
「忙しくてうれしい悲鳴！
　これからも3人で
　がんばっていこうね！」
ついに年商5,000万円を
達成した。

しかし、みなみ・はるか・太郎の少数精鋭体制でのがんばりが、ある日限界に達した。人手が足りない。会社規模が大きくなるにつれて、経営者としてやるべきことも増えてきた。会社のしくみ作り、資金集め、人材採用、決算のプレゼンなど、何からどう手をつけたらいいのかわからない…。

そこで紹介されたのが、公認会計士の岩井先生。会計のプロフェッショナルとして、会計・税務だけでなく、ビジネスプランの立て方や人材採用についても丁寧にアドバイスしてくれるとのこと。
「規模に応じて人を増やしたり、
　会社内部のしくみを整えることが必要よ。
　会社の将来像も明確にしましょう」

「会社の将来像？」
みなみ社長はあらためてキラキラ社の将来なりたい姿を考えてみた。
「5年後の目標は、年商10億円！　女性がキラキラ輝くことを支援する会社を目指すぞ！
もちろん会社で働く人の幸福も追求！」
成長企業としてのキラキラ社の新たな一歩が始まった！

目次

刊行にあたって　1

本書の構成と特徴　2

登場人物紹介　3

キラキラ社創世記　4

第1章 パーパスを伝える! ……………………… 15

- 1-1　事業を始めるのに大切なこと　16
- 1-2　社長の思いを伝えよう　18
- 1-3　パーパスの構造　20
- 1-4　会社の強みや弱みを知ろう　22
- 1-5　顧客を明確に　24
- 1-6　経営者の役割とは①　26
- 1-7　経営者の役割とは②　28
- 1-8　コンプライアンスの大切さ　30

女性起業家からのエール 1
星を掴め：ビジョンが導く成功への道
WAmazing株式会社　代表取締役　CEO　加藤史子　32

第2章 プランを立てる! ……… 33

- 2-1 事業計画書はなぜ必要か? 34
- 2-2 事業計画書を検証する 36
- 2-3 売上高を見積もる 38
- 2-4 費用を見積もる 40
- 2-5 採算がとれる売上高を求める 42
- 2-6 損益分岐点を下げるには? 44
- 2-7 固定費を下げるには? 46
- 2-8 投資の意思決定をする 48
- 2-9 売価を考える 50
- 2-10 ビジネスモデルを考える① 52
- 2-11 ビジネスモデルを考える② 54
- 2-12 月次予算を作成する 56
- 2-13 資金計画を立てる① 58
- 2-14 資金計画を立てる② 60

女性起業家からのエール 2
大きな夢を叶えるカギは「ビジョンからの逆引き思考」
株式会社ウィルミナ 代表取締役社長 幸村潮菜 62

第3章 お金を集める! ……………………………………… 63

3-1 不足資金を把握しよう　64

3-2 資金調達の3つの方法　66

3-3 お金を借りる（融資）①　68

3-4 お金を借りる（融資）②　70

3-5 お金を借りる（融資）③　72

3-6 お金を受け入れる（出資）①　74

3-7 お金を受け入れる（出資）②　76

3-8 お金を受け入れる（出資）③　78

3-9 お金をもらう（補助金）　80

女性起業家からのエール 3
資金集めの多様化。自分に合ったものを見つけよう
Hubbit株式会社　代表取締役　臼井貴紀　82

第4章 仲間をつくる! …………………………………… 83

4-1 成長期に直面する人的課題とは？　84

4-2 必要な人材を確保する　86

4-3 人事のルールを作ろう　88

4-4 給与に係る留意点とは？ 90
4-5 社会保険加入は会社の義務 92
4-6 退職金制度を考える 94
4-7 組織を整える① 96
4-8 組織を整える② 98
4-9 正社員以外の人材を活かそう 100

女性起業家からのエール 4
『仲間』とはどんな人か
　　株式会社Glocalist　代表取締役CEO　吉川真実 102

第5章 資産の管理はできていますか？ ……… 103

5-1 現預金を管理する① 104
5-2 現預金を管理する② 106
5-3 在庫数を台帳で把握しよう 108
5-4 棚卸を定期的に実施していますか？ 110
5-5 在庫はいつも適正量に 112
5-6 売れない在庫が残っていませんか？ 114
5-7 そのお客様は大丈夫？ 116

5-8 売掛金を台帳で管理しよう　118
5-9 売掛金が入金されない……　120

女性起業家からのエール 5
小さな発見から、経営と成長を。
イヴレス株式会社　代表取締役社長　CEO
イヴレスホスピタリティ合同会社　代表社員　CEO　山川景子　122

第6章 業績を説明できますか？ ……… 123

6-1 決算書の見方を知ろう　124
6-2 損益計算書とは？　126
6-3 貸借対照表とは？　128
6-4 銀行の視点（不良資産はないか？）　130
6-5 銀行の視点（債務超過ではないか？）　132
6-6 財務分析をしてみよう（収益性）　134
6-7 財務分析をしてみよう（安全性）　136
6-8 予算と実績を比べる　138

女性起業家からのエール 6
数字が苦手な私にも出来た！　想いで摑んだ会社の未来
株式会社アイフリークモバイル　代表取締役会長　上原彩美　140

第7章 業績を数字にする! 141

- 7-1 会計処理を行うには証拠が必要 142
- 7-2 売上の証拠を知る 144
- 7-3 売上原価のしくみ 146
- 7-4 経費の証拠はさまざま 148
- 7-5 長期で受けるサービスを把握する 150
- 7-6 給与の情報を把握する 152
- 7-7 固定資産の情報を把握する 154
- 7-8 会社内部の意思決定で決まる費用とは 156

女性起業家からのエール 7
ビジネスモデルが違っても、1円の重みは同じ
株式会社ロスゼロ　代表取締役　文　美月　158

第8章 税金を知る! 159

- 8-1 税金の種類を知る 160
- 8-2 法人税のしくみ 162
- 8-3 申告調整項目とは? 164
- 8-4 交際費の取扱いとは? 166
- 8-5 役員給与・寄付金の取扱いとは? 168
- 8-6 資本金が1億円を超えると… 170

8-7 法人税の申告と納付は遅れずに　172
8-8 消費税のしくみ　174
8-9 消費税の申告と納付も遅れずに　176
8-10 消費税の免税事業者とは？　178
8-11 消費税の計算方法　180
8-12 税務調査って何？　182

あとがき　184
参考文献　187
編者紹介　188
執筆者紹介　191

イラスト：(有)J-ART 中村恭子

第1章 パーパスを伝える！

順調に売上を伸ばしているキラキラ社ですが、みなみ社長は最近悩んでいます。アルバイトを雇ってもすぐに辞めてしまうし、はるかさんと太郎くんもマンネリ気味で元気がありません。これから会社をどうしたらよいのでしょうか？

❶ 最近、お客様からクレームも出るし、アルバイトもすぐに辞めてしまう…

❷ 社長、疲れました…

❸ 岩井先生、どうしたらいいんでしょう？

❹ 会社の将来像やパーパスをみんなに伝えていますか？

1-1 事業を始めるのに大切なこと

企業経営とは何か

　企業は、製品やサービスを提供することにより、世の中に対し何らかの意味のある**付加価値**を生み出しています。人々は付加価値に対し対価を払い、企業は利益を得ます。得られた利益を企業は再投資し、新たな付加価値を生み出します。こうした循環を通して企業は成長し、社会や人々を豊かにしていきます。

企業の目的は儲けることか？

　企業経営が利益を再投資して成長することであれば、利益を上げることを会社の目的とすればよいのでしょうか。多額の利益が上がれば、従業員の給料も上がり経済的な満足度は高まるといえます。しかし、それだけでは仕事のやりがい・充実感といった精神的な満足が得られず、企業を長続きさせることは難しくなります。

仕事のやりがい・充実感を生むのは？

　成功した経営者の多くは、何らかの**問題意識や社会的課題**を感じ、それを解決するために事業を始めています。社会的課題を解決し、世の中のために貢献したいという思いが、仕事のやりがい・充実感を生むのです。

　社会的課題の解決という経営者の熱い思いは、**パーパス**という形に集約されます。パーパスは、従業員に伝え共有されることが重要です。**社長の思い**に従業員が共感できれば、従業員も仕事にやりがいを見出し、それが事業の成功に結びつくのです。

事業を成功させる3つのポイント

課題の解決と事業の意義を正しく伝えることが重要ね！

STEP3
事業の意義を、パーパスの形で、従業員・投資家等に伝え・共有する

STEP2
社会的課題を解決するための方法を生み出し事業化する

STEP1
社会的課題・問題意識をもつ

1-2 社長の思いを伝えよう

みなみ社長は理想の会社の実現のためにがんばっていますが、はるかさんと太郎くんにはやる気が感じられません。アルバイトは時給が安いと不満をいっています。みなみ社長と従業員のやる気に温度差があるのは、「**社長の思い、つまりパーパス**が従業員に伝わっていないからだ」と岩井先生は指摘します。

パーパスとは？

パーパスとは、何のためにこの会社があるのか？　を明らかにしたものです。つまり、パーパスは、会社の存在意義、使命、社会における役割を示すものです。

パーパス（purpose）は、目的・意図という意味をもち、一般的な日本語では「経営理念」となります。2020年ころからパーパスという言葉が使われ始め、実際、多くの会社が経営理念をパーパス型に刷新してきています。世の中に向けて自分たちの会社が社会にどう貢献していくのかわかるようにしていくことが、従業員のモチベーションを高め、市場・社会から認められていくことにつながっていくのです。

パーパスで社長の思いを伝える

日々の業務を行うに当たって、さまざまなやり方があり、どの方法を選ぶのか判断に迷うことがあります。こうした際に、指針となるのが**パーパス**です。パーパスが共有されていないと、みんなの進む方向がバラバラになり、会社の目的や目標を達成することができません。

ミドリムシの大量培養と商品化で成功した（株）ユーグレナを例に、**1-1**の3つのポイントに沿ってパーパスを考えてみましょう。

18

事業を成功させる3つのポイント
(㈱ユーグレナ* に当てはめた場合)

STEP1
社会的課題や問題意識をもつ

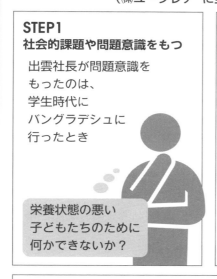

出雲社長が問題意識をもったのは、学生時代にバングラデシュに行ったとき

栄養状態の悪い子どもたちのために何かできないか？

STEP2
解決法を考え、事業化する

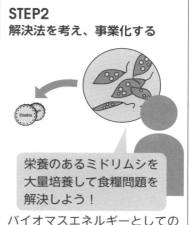

栄養のあるミドリムシを大量培養して食糧問題を解決しよう！

バイオマスエネルギーとしての利用も研究

STEP3
事業の意義をパーパスとして、従業員や投資家に伝え、共有する

7期目（2011年9月期）に売上10億円達成、2012年12月に東証マザーズ上場、2014年12月に東証1部上場（現在、プライム市場区分変更）

パーパスは、「人と地球を健康にする」

従業員　投資家

* ㈱ユーグレナ：微細藻類ユーグレナ（和名：ミドリムシ）等を活用し食品や化粧品の販売、バイオ燃料の開発・製造を行っているバイオテクノロジー企業。

1-3 パーパスの構造

　パーパスを示すことにより、経営者の思いを従業員に伝えることができます。しかしこれらは基本的価値観であり、会社が他社との競争に打ち勝ち成長するためには、それをどのように達成するかを明らかにした、バリュー（行動指針）が必要になります。パーパスとバリューはセットにしないと、企業行動につながっていきません。

パーパスの構造を理解する

　パーパスの構造については、「パーパス・ビジョン・バリュー」の3階層で構築するパターンと、「パーパス・バリュー」の2階層で構築するパターンが見受けられます。

　「パーパス」は、何のためにこの会社があるのか？、なぜ（WHY）それを行っているのか？という存在意義・使命を明らかにしたものです。

　「ビジョン」は、パーパスを実現するために、何（WHAT）をやっていくのか、経営方針を明らかにしたものです。

　「バリュー」は、パーパスを浸透させるために、それをどのように（HOW）行っていくのか、行動指針・判断基準を明らかにしたものです。

　2階層の場合は、ビジョンとパーパスを分けずに1つにまとめ、シンプルな構造となります。パーパスの作り方には決まりはなく、2階層でも3階層でも自社に合った構造でまったく問題ありません。

岩井先生より一言

　これらのパーパス・ビジョン・バリューをもとに、さらに具体的な戦略を立てていきますが、経営戦略を決める要因には、同業他社とのポジション争いの状況、新規参入のリスク、代替製品やサービスの可能性、顧客や供給業者との交渉力等が挙げられます。したがって、戦略を決めるためには、企業を取り巻く環境や内部資源を分析し把握することが必要です。

1-4 会社の強みや弱みを知ろう

みなみ社長はまずキラキラ社の現状を把握する方法を岩井先生に学ぶことにしました。自社の強み・弱みや置かれている環境を把握する手法としてSWOT分析があります。

SWOT分析

内部要因である自社の**強み (Strength)**、**弱み (Weakness)** と、外部要因である**機会 (Opportunity)**、**脅威 (Threat)** を明らかにします。会社にとっての有利な要素（『強み』『機会』）と、不利な要素（『弱み』『脅威』）を把握し、有利な要素をより伸ばし、不利な要素を解消・克服することにより、事業を成功に導く手助けとします。

内部要因・外部要因とは

内部要因として、**人材**（経営者・従業員）、**設備**、**財務**（資金、収益性、生産性）、**情報**、**知識**、**ノウハウ**、**組織風土**等が挙げられます。一方、外部要因としては、**マクロ環境**（政治、法律、経済、消費者動向、技術革新）、**顧客**（ニーズ、数、流行）、**競合**（競合他社の数・動向、新規参入、代替品）等を検討します。

課題の抽出

内部要因と外部要因を組合せて、取り組むべき課題を絞り込みます。
①【強み】によって【機会】を最大限に活かすために、何に取り組むか。
②【強み】によって【脅威】の悪影響を回避するために、何に取り組むか。
③【弱み】によって【機会】を逃さないために、何に取り組むか。
④【弱み】と【脅威】により最悪の結果を招かないために、何に取り組むか。

SWOT分析

みなみ社長のSWOT分析

	有利な要素	不利な要素
内部要因	【強み】 ● 10年間アパレル企業で働いた経験と知識がある ● デザイナーとしてのスキルは高い	【弱み】 ● 人材が乏しい ● 資金が少ない ● 信用力が低い ● 顧客基盤がない
外部要因	【機会】～アパレル業界～ ● 30～40代の働く女性向けの洋服は少ない ● スタイル良く見せるというコンセプトの洋服はない	【脅威】～アパレル業界～ ● 成熟産業である ● 競争が激しい ● 価格が下がっている

①【強み】×【機会】：
　「大人のためのこだわりのデザイン」という独自の商品コンセプトを強く打ち出す。

②【強み】×【脅威】：
　スタイル良く見せるというコンセプトの服で中価格帯（1着3万円程度）ながら、一定の顧客層をつかむ。

③【弱み】×【機会】：
　人手も資金もそれほどかからないSNSを最大限に活用し、ターゲットとなる働く女性に自社の洋服の利点を宣伝する。

④【弱み】×【脅威】：
　無理して大量生産はせず、限定数の生産・販売を行う。

事業を成功させるには、強みと弱みを知ることが重要だね。

1-5 顧客を明確に

　顧客対象を明確にするためには、市場を細分化し（Segmentation）、対象とする顧客層を決め（Targeting）、対象となる顧客の心の中に製品イメージを明確にすること（Positioning）が必要です。これを各工程の頭文字をとり、**STP分析**といいます。

セグメンテーションとターゲティング

　市場を細分化する方法としては、**人口統計**、**商圏**、**心理的属性**等による分類があります。

　人口統計的な分類とは、年齢・性別・職業・人種・学歴・婚姻区分・収入等に基づく分け方です。商圏による分類には、徒歩圏内か電車や車で1時間以内かといった距離によるもののほか、通販のように全国を市場とする等が考えられます。心理的属性による分類は、**価値観**に基づく分類です。たとえば、高級志向か低価格志向か等に基づく分類です。

　市場を細分化したうえで、自身の製品やビジネスが勝てそうな市場セグメントをターゲットとして選定します。選定には複数のセグメンテーション軸を組み合わせて行うことが一般的です。たとえば、男性用ネイルサロンでは、人口統計的には男性・高収入、商圏では職場近く、価値観では質・高級志向といったターゲティングがされているようです。

ポジショニング

　ポジショニングとは、ターゲットとする顧客の心の中に、独自のポジションを獲得することです。そのためには、顧客の特徴やイメージを明確化していくことが重要です。たとえば、シンプルで機能的なイメージか、希少価値のある高級ブランドのイメージか等のポジショニングが考えられます。

STP分析

キラキラ社のSTP分析
- セグメンテーションとターゲット：30～40代のキャリア志向、大都市圏で働く年収700万円以上の女性
- ポジショニング：体型が変わりつつある30～40代のためのスタイル良く見える洋服。シンプルで機能的、着ていて楽で、自宅で洗濯できる。値段は安くはないが、海外ブランドよりは手頃な価格。

キラキラ社の競合他社とのポジショニングマップ

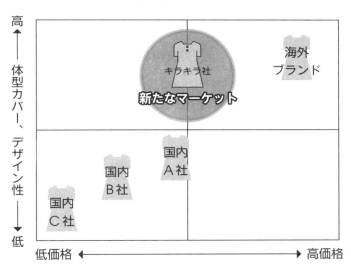

目の錯覚を利用した『着やせ服』は、他と競合しない新たなマーケットを作ったのね。
それで、うまく売れたんだわ。

第1章 パーパスを伝える！

1-6 経営者の役割とは①

　経営者の役割とは何でしょうか？　組織の中核の機関としてのマネジメントには3つの役割、①自らの組織に特有の使命を果たすこと、②社会の問題解決に貢献すること、③社会を通じて働く人たちを生かすことがあるといわれています[1]。そして、トップマネジメントである経営者には、次のような役割が求められます。

使命を果たし、社会の問題に貢献するために

　マネジメントの1つ目の役割は、**①組織（会社）の使命を果たす**ことです。また、マネジメントには、自らの組織が社会に与える影響をコントロールし、**②社会の問題解決に貢献する**役割があります。

　このために、経営者は、組織の使命とは何か、社会の課題にどのように貢献するかを考えることが求められます。つまり、組織の目的を考え、組織全体の価値観（**パーパス**）を定め、それにしたがって行動することが求められます[2]。

　さらに、この役割から、具体的に**会社の目標**を設定し、**戦略計画**を作成し、**組織構造**を設計するという役割が派生的に生じます。

マネジメントの③の役割を果たすために経営者がなすべきことは **1-7** で説明します。

1　P.F.ドラッカー著、上田惇生編訳『エッセンシャル版 マネジメント 基本と原則』2001年、ダイヤモンド社、p.9。
2　P.F.ドラッカー著、上田惇生編訳『エッセンシャル版 マネジメント 基本と原則』2001年、ダイヤモンド社、p.224。

偉大な経営者が語る『経営者の役割』

　経営者はさまざまな困難を乗り越え事業を成功に導くために努力している。困難を乗り越え成功した経営者は、自らの役割について、独自の価値観と思想をもっている。

　たとえば、京セラやKDDIを創業した稲盛和夫氏は、リーダーの役割10か条として次のような点を示している。

リーダーの役割10か条
1. 事業の目的・意義を明確にし、部下に示すこと
2. 具体的な目標を掲げ、部下を巻き込みながら計画を立てる
3. 強烈な願望を心に抱き続ける
4. 誰にも負けない努力をする
5. 強い意志を持つ
6. 立派な人格を持つ
7. どんな困難に遭遇しようとも、決してあきらめない
8. 部下に愛情をもって接する
9. 部下をモチベートし続ける
10. 常に創造的でなければならない

（稲盛和夫『実学・経営問答 人を生かす』2009年、日本経済新聞出版社、p.251）

　また、ソフトバンク㈱の孫正義社長は、このように言っている。

「私の一番大切な役割は、我々グループの将来進みゆく方向性、グループの組織の考え方、哲学、そういうもののDNAを設計するということ。」

孫正義（三木雄信『孫正義名語録』2011年、ソフトバンククリエイティブ、p.148）

27

第1章　パーパスを伝える！

1-7 経営者の役割とは②

働く人たちを生かすために

　現代社会において、組織（会社）は、人間にとって生活の糧であり、社会的な地位、コミュニティーとの絆を手にし、自己実現を図る手段ともいえます。働く人にとって会社は非常に重要な意味をもっており、マネジメントは、働く人を仕事で生かしていかなければなりません。

　トップマネジメントである経営者には、組織を作り維持する役割とともに、**組織の精神を作り**、次世代の経営者をはじめとする**人材を育てる**役割が求められます。

会社の顔として

(1) 関係者との連絡や交渉

　経営者には、顧客、取引先、金融機関、従業員、投資家（株主）、メディア、政府機関など、企業を取り巻く関係者と、良好な関係を作り、関係を維持・強化するために連絡や交渉する役割があります。政策や法律の変更、取引先との信頼関係の有無など、関係者との関係の変化により会社は大きな影響を受けることがあります。

(2) 行事への参加

　関係者との良好な関係を保つために、冠婚葬祭等のさまざまな行事に参加することが求められます。

(3) 重大な危機に自ら取り組む

　会社が重大な危機に直面した場合には、経営者が直接問題に取り組むことが重要となります。有事においては、もっとも経験と能力があり、権限と責任を有する者が対処することが重要です。

経営者は、自ら考え、行動し、融合を図り、先頭に立つ！

経営者は自ら考える

会社がどうあるべきか、常に考える

経営者は自ら行動する

経営者自ら汗をかき、行動することで模範を示す

経営者自ら融合を図る

積極的に声をかけ、会社内外の融合を図る

経営者は自ら先頭に立つ

重要な仕事には自ら先頭に立ち、目標に立ち向かう

社長の仕事って大変。でもがんばるわ！

第1章 パーパスを伝える！

1-8 コンプライアンスの大切さ

　企業を維持し成長させるために、いったいどのような法令をどうやって守っていけばいいのか、そもそも自分の会社が社会の中でどのように見えているのか、立ち止まって考えたことはありますか？

経営者としての役割分担

　企業の規模やステージにより、経営者が日々の業務に追われて、すべての事項に手が回らないこともあるでしょう。製品やサービスの品質、価格設定、資金調達といった直接的な業務に意識が向きがちで、消費者やサプライヤー、従業員とその家族、金融機関など、事業を支えるさまざまなステークホルダーからの期待をバランスよく見ることが難しいときもあります。コンプライアンス経営には、これらステークホルダーからの期待を理解し、それに応えるという意味があります。期待を大きく裏切った場合には、企業の存続に関わる危機となり得ます。

"仲間"の価値

　ここでは、経営者が１人で抱え込むことなく、早期に積極的に役割分担を始める、ということを提言したいと思います。経営者が見落としていることを指摘してくれる仲間の存在は計り知れない価値があります。社内だけではなく、親身になって相談に乗ってくれるアドバイザーもいます。企業を健全に持続可能（サステナブル）に経営するためには、経営者が問題やステークホルダーからの期待との乖離を早めに察知できる体制が重要です。課題の早期発見と対策・解決という成功体験を継続的に共有することで、不確実性の高い世界をともに乗り越えるチームが育ちます。

多くのステークホルダーの声に耳を傾けて、仲間を見つけて！

- 消費者
- 従業員
- 外部アドバイザー
- 取引先
- 資金提供者
- 地域の人

企業はいろいろな関係者に見られているのね。社内・社外に「仲間」を作って、巻き込んで、一緒に成長していこう！

第1章 パーパスを伝える！

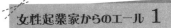

女性起業家からのエール 1

星を摑め：ビジョンが導く成功への道

WAmazing株式会社　代表取締役　CEO　加藤史子

　30代前半のころ、会社員だった私がニューヨークでの研修で聞いたスピーチでの言葉が今も心に響きます。

　「Catch the star（星を摑め）。その気持ちで挑戦すれば、たとえ失敗しても山の頂上にはいるだろう」。

　この言葉は、人種差別撤廃に尽力した南アフリカの大統領ネルソン・マンデラの「成功するために大切なのは、どこから始めるかでなく、どれだけ高く目標を定めるかである」という名言とも通じます。

　人間は目指さないところには到達できません。2016年7月、私は「日本中を楽しみ尽くすAmazingな人生に」というビジョンを掲げ、インバウンドで日本経済の再興を目指しWAmazingを創業しました。しかし、2020年のコロナ禍で売上はゼロに近づき、存続の危機に直面しました。

　そんななかでもビジョンに共感する社員はWAmazingに残り、さらに仲間は増え新規事業による売上も増加。この危機を乗り越えられたのはビジョンを伝え続けた結果でした。「早く行きたければ一人で行け、遠くへ行きたければみんなで行け」というアフリカの諺の通り、大きな夢の実現には仲間が不可欠なのです。

　皆さんにも、パーパスやビジョンをもちそれを伝えること、そしてそれに共感・賛同したチーム全体が生み出す大きな力の存在を知っていただければと思います。高く、遠くを見据えたパーパスやビジョンを描き、それを情熱的に語り続けてください。その姿が仲間を鼓舞し、また次世代の女性経営者を励まし、社会にも市場にも新たな風を吹き込むことでしょう。

◎加藤史子　慶應SFC卒業後、リクルートにてインターネットでの新規事業立ち上げに携わった後、観光産業と地域活性のR&D部門じゃらんリサーチセンターに異動。主席研究員として調査研究・事業開発に携わる。訪日外国人旅行者による消費を地方にもいきわたらせ、地域の活性化に資するプラットフォームを立ち上げるべく2016年7月、WAmazing株式会社を創業。2年半以上にわたるコロナ禍期間中を乗り越え、日本のナンバーワン外貨獲得産業になりうるインバウンド市場で日本経済の再興・地方創生を実現するプラットフォームサービスを作るべく、257名（2023年10月1日時点）の従業員とともに挑戦中。EY Winning Women 2017 ファイナリスト。

第2章 プランを立てる！

ビジョンも決まり、「いよいよ直営店準備！」と意気込むみんなに、岩井先生は、「まずはプランから」とクールな一言。
プランを立てると、何が変わるのでしょうか？

2-1 事業計画書はなぜ必要か？

事業計画書とは？

　経営者の頭の中には、「こんな会社にしたい。A事業はこう進めよう。」といった事業方針があるものです。事業計画書とは、この**経営者の頭の中にある方針**を書面として**見える化**したものです。

　事業計画書は、事業内容、顧客層、商品コンセプト、ビジネスモデル、売上計画、損益計画、資金計画、マーケット分析、自社の強み、リスク分析等から構成されます。

　これらを**見える化**することにより、関係者は事業を進める**方針を共有**できます。

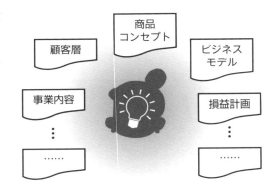

事業計画書がないと、どうなるか？

　事業計画書がない会社経営は、地図ももたずにドライブをするようなものです。行き当たりばったりの事業は、いずれ行き詰まるかもしれません。

　事業計画書には**協力者を増やす**という効用もあります。たとえば新規事業に取り組む際にリスクを感じ社内で反対があった場合も、事業計画書によって明確な道筋を示すことにより、協力者にすることもできます。

　社外の協力は、さらに重要です。銀行や取引先は、将来像が明確でない相手先とは、取引をするのにためらうでしょう。銀行や取引先の関心事は、安全な取引です。そういう場合も、実現可能と考えられる事業計画書を示せば、取引の可能性は高くなりますね。

事業計画書は、このように見られる！

　事業計画書のなかでも、損益計画、売上計画や資金計画は、銀行等利害関係者の最大の関心事。単に利益や売上が多ければよいわけではなく、過去の実績から見て無理があったり、絵に描いたモチになっていると逆効果。実現可能性が低いと判断され、悪印象となることもある。

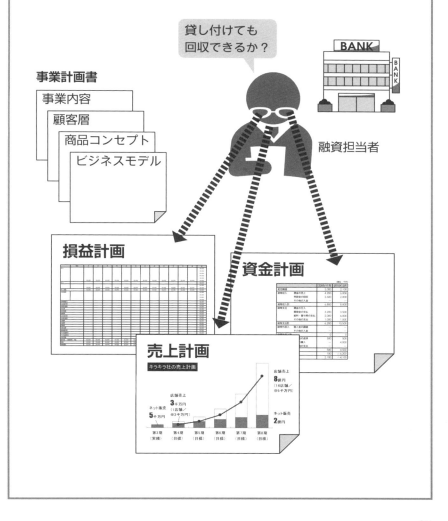

2-2 事業計画書を検証する

描いた構想は実現可能か?

　構想をアウトプットしたら、それを検証するステップに入ります。会社の現在の実力や環境から、「絵に描いたモチ」になっていないかということです。

　右図の事業計画書のうち、**顧客層**や**商品コンセプト**については、ネット販売の実績があるため、実現できそうな構想になっているようです。一方、中期売上計画については、これから始める店舗売上が、5年後には8億円という計画になっています。この計画の達成が実現可能かどうか、具体的な数値によって裏付けられているか、見定めることが必要ですね。

数値をどこまでブレークダウンできるか?

　事業計画は将来のことなので、**数値を見積もる**という作業が必要です。数値を見積もるには通常過去の実績をベースに見積もりますが、歴史が浅い会社や新規事業の場合は実績データが乏しく、事業計画書の要となる数値の見積りが容易ではありません。

　そうはいっても事業計画書においては、根拠のある数値を見積もることが求められます。

　キラキラ社の店舗売上の場合、平均単価はネット販売のものを参考に使うことができるでしょう。単価が定まれば、あとは数量です。商品力や立地条件などから、1日当たり何着ぐらい売れるかということを想定することにより、根拠ある数値に近づけることができそうですね。**2-3**、**2-4**で考えてみましょう。

36

社長の事業計画書を検証する

顧客層

顧客層は、30〜40代の女性キャリア層

 本音

- ✓ スタイルを良く見せたい
- ✓ きちんと感は出しつつ、肩がこらないオフィス服がほしい
- ✓ 忙しいから、手入れが簡単な服がいい

○ 従来のネット販売路線と同じ

商品コンセプト

3つの楽をお約束

着て楽しい：目の錯覚を利用し、着やせ・脚長を実現！
楽に着られる：特殊ストレッチ素材で、体を締め付けない！
お手入れ楽：ハウスクリーニングOK。アイロンいらず！

○ 顧客層の本音に合致

中期売上計画

ネット販売での実績を基に、第4期から店舗販売開始！
5年後には、10億円の売上達成！

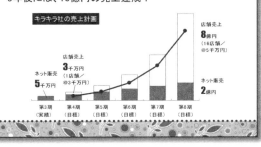

キラキラ社の売上計画

- ネット販売 5千万円（第3期 実績）
- 店舗売上 3千万円（1店舗／@3千万円）
- 店舗売上 8億円（16店舗／@5千万円）
- ネット販売 2億円

第3期（実績）／第4期（目標）／第5期（目標）／第6期（目標）／第7期（目標）／第8期（目標）

? 店舗販売は新規事業であり、実現可能な数値か、要検討。

37
第2章　プランを立てる！

2-3 売上高を見積もる

売上高の求め方

　小売店であれば、売上高は、下記の式で求められますが、**客単価**と**顧客数**の見積り方が、ポイントとなります。

$$売上高 ＝ 客単価 × 顧客数$$

　飲食店や美容院など、顧客が店に入った段階でサービスを受ける意志が固まっている業態は、比較的シンプルです。

$$顧客数 ＝ 席数 × 回転数$$

　一方、商品を販売する店舗の場合は、店舗に入ったからといって必ず購入するとは限らず、見積りは難しくなります。既存店があればその実績をベースにしますが、そういった社内データがない場合は、出店予定地の通行量や人口構成、同業他社の顧客数を参考にします。ただし、こうして見積もった売上高はおおまかな額にすぎないので、オープン後、実績と比較し精度を上げることが必要となります。

平日と休日、季節的変動を考慮する

　多くの店舗では、平日と休日で客足が大きく異なります。したがって月間売上高を求めるときには、単純に日々の売上高に日数を乗じるのではなく、一定の掛け目をするといった工夫が必要となります。

　季節的変動も重要です。アイスクリームのようなものであれば夏に売上が伸びるでしょうし、衣料品一般では、冬物の方が単価が高くなります。また一般に、クリスマスや新学期、ボーナスシーズンは、売上が伸び、2月・8月は低迷するという傾向があります。年間売上高を見積もる場合は、こうした傾向も織り込む必要があります。

月商見積り例

中期売上計画を作成した太郎くんによると、年間売上高の元となる月商は、以下のように求めたとのことです。

月商 = ① 客単価 × ② 平日の平均顧客数 × ③ 平日に換算した日数

② の補足：平日の入店人数 × 購入率

項目	推定方法
① 客単価	主力商品のワンピースの価格帯は3万円であり、初回買い入れ点数は1点と考え、3万円と推定。
② 平日の 平均顧客数	平日の入店人数：出店予定地の交通量や同業他店から、20〜30人と推定。 購入率：ライバル店の観察から10%と推定。 ⇒ 20〜30人 × 10% = 2.5人
③ 平日に換算 した日数	例：20X5年11月 月 火 水 木 金 土 日 　　　　　　　　　　　1 2　3　4　5　6　7　8 9　10 11 12 13 14 15 16 17 18 19 20 21 22 23 24 25 26 27 28 29 30 平日：19日、休日：11日 休日は、平日の2.5倍の売上を見込む。 ⇒ 平日換算で46.5日 　（= 19 + 11 × 2.5）
月商	① × ② × ③ = 約350万円

他の月も同様に推定し、
初年度の年商を
約3千万円と見込んだんだ。

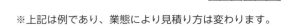

※上記は例であり、業態により見積り方は変わります。

2-4 費用を見積もる

費用の算定式

売上高の次には、費用を見積もるというステップとなりますが、実は費用は、売上高を含めた数式で表されます。

費用 ＝ 変動費 ＋ 固定費
　　 ＝（変動費率 × 売上高）＋ 固定費

変動費とは、販売数量や売上高、生産量などに**連動して**発生する費用です。代表的なものとして、売上原価（商品代等）、包装費、運送費、クレジット手数料などがあります。

固定費とは、販売や生産活動にかかわらず**一定に**発生する費用です。正社員の給与・減価償却費・家賃などが、固定費の代表格です。

変動費率の簡便な求め方

費用には、固定費的性質と変動費的性質の両方をもつものもあり、変動費率を求めるのは、実際は簡単ではありません。一般に売上原価は変動費の割合が多く、販売費及び一般管理費は固定費の割合が多いので、売上原価が変動費よりなり、販売費及び一般管理費が固定費よりなるとみなして簡便的に計算することもあります。この場合は、変動費率≒原価率、固定費≒販売費及び一般管理費となります。

費用 ≒ 原価率 × 売上高 ＋ 販売費及び一般管理費
　　　　 〔変動費率〕　　　　　　　　〔固定費〕

40

変動費と固定費の違いは？

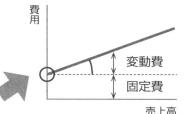

	変動費 例：売上原価	固定費 例：正社員の人件費
販売量0着	@1万円×0着＝**0**円	**20**万円/月
販売量100着	@1万円×100着 ＝**100**万円	**20**万円/月
費用と売上高の関係	売上高に応じて発生 例：売上原価 ＝売上高×原価率	売上高にかかわらず 発生額は**一定**

2-5 採算がとれる売上高を求める

最低限、赤字を出さないためには?

2-3、**2-4** では、会社内外のデータを積み上げ、売上高や費用を見積もりました。これから結果として利益が計算できますが、逆に、いくらの売上高であれば黒字になるか、つまり**採算がとれる売上高**を計算してみましょう。

「利益＝売上高－費用」ですので、採算をとる (利益≧0) ためには、「売上高≧費用」とすることが求められます。

これをグラフで考えると、どうなるでしょうか。まず、横軸を売上高とした場合の**売上高線**と**総費用線**のグラフを作ります。これら2つのグラフを重ね合わせたときの**売上高線と総費用線の交点**の売上高が、損失も利益も出ない状態で、**損益分岐点**といいます。

損益分岐点は、調整することができる!?

右図の損益分岐点の右側を見てみましょう。この領域 (**A**) では、売上高＞費用となっています。すなわち黒字の状態です。

逆に、左側の領域 (**B**) では、売上高＜費用で赤字となっています。

予算を積み上げた結果、赤字領域に入っていれば、経営者としては黒字領域になるよう、手を打つ必要があります。

ではどのような対策があるのかを次に考えてみましょう。

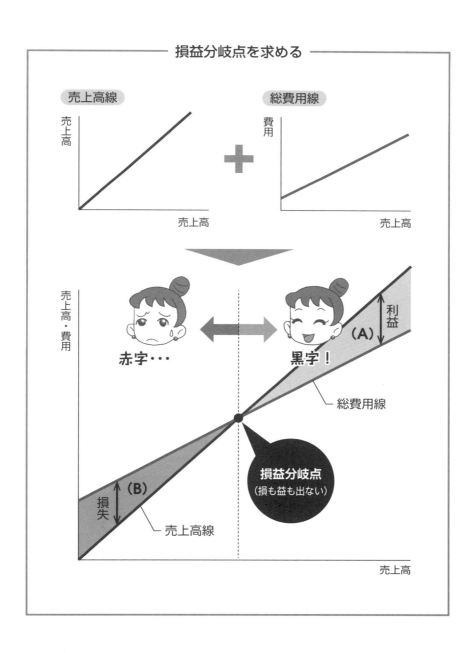

2-6 損益分岐点を下げるには？

費用を調整して損益分岐点を下げる

損益分岐点を下げれば、売上高を伸ばさなくても、赤字を黒字にできます。費用を調整して損益分岐点を下げるには2つの方法があります。

第1は、**固定費を下げる**方法です。たとえば賃料が安いほど、黒字に転換する売上高が小さくてすむことは、感覚的にもわかりますね。

第2は、**変動費率を下げる**方法です。仕入原価を交渉により下げることができれば、**商品1個当たりの粗利**は増え、少ない販売数量（売上高）で黒字に到達します。

売価を上げて損益分岐点を下げる

「**商品1個当たりの粗利を増やす**」には、売価を上げることでも対応できます。しかし、売価が高くなりすぎると買いにくくなり、一般に販売数量が落ちます。場合によると売価を上げたプラス効果より、販売数量の減少によるマイナス効果が大きくなる可能性もあります。したがって単純に売価を上げるのではなく、商品価値を上げるとか、顧客が利益率の良い他の商品も買うように工夫して客単価を上げるといった対応が効果的です。

費用を削減して損益分岐点を下げる方法

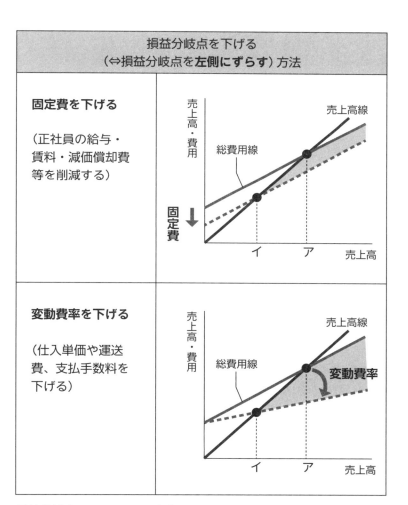

損益分岐点がアからイへ移動することにより、黒字になる部分が広がる（　　）。

2-7 固定費を下げるには？

固定費も発生前なら圧縮可能

固定費は、**費用の発生が長期化する**傾向があります。いったん正社員を雇用すると、その雇用関係は長期間継続します。設備投資をしたら、長期にわたって減価償却費（**7-7**参照）が発生し続けます。家賃も出ていくまでは払い続けなければなりません。

一度発生すると**削減が難しい**ことが固定費のやっかいなところですが、発生前（雇用前、設備投資前、出店前）であれば、圧縮は可能です。

人件費・賃料・減価償却費等の削減方法

正社員の人件費は**固定費**にあたります。しかし、たとえば店舗の場合、いちばん忙しい時間に合わせて正社員を増加させるのではなく、時間や曜日、季節による混雑具合を調べ、忙しい季節や時間帯に合わせてパートやアルバイトを雇用すれば、販売量に応じた人件費になります。

賃料は、面積や立地、階数に大きく影響されます。予定売上高から考え、適正規模なのか、顧客ターゲットや商品の内容等から考え、立地や階数などの条件をどこまで譲れるのか、検討が必要です。

減価償却費は、固定資産の投資額により決まります。投資が売上増加または費用削減に確かにつながるのかを考えます。居抜き物件や中古資産を活用することにより、投資額を圧縮するという方法もあります。メーカーの場合は、機械の購入が大きな投資となります。生産数量が少ないうちは、機械の投資額が回収できるほど利用が見込まれるのかを念頭に、自社生産だけでなく、委託生産という選択肢も視野に入れ、意思決定をしましょう。

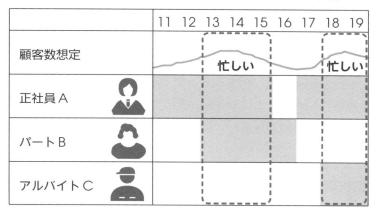

固定費を削減する方法

給　与
- 正社員を雇う代わりに、アルバイトやパートを雇う
- 顧客数を分析し、忙しさに応じた勤務シフトを実行する

賃　料
- 事務所や店舗の適正規模を検討する
- オフィスを借りず、自宅兼オフィスにする
- レンタルオフィスにする

減価償却費、リース代
- 居抜き物件や中古資産を活用する
- 使用頻度が低い機械・備品は、レンタルにする
- 生産数量が少ないうちは、自社生産でなく、委託生産にする

〖 変動費率を下げるには？ 〗

　変動費率を下げる方法としては、①原材料費を下げる（注文ロット数を増やす、仕入ルートを変える、安価なものに替える）、②加工費を下げる（工程数の見直しをする）、③現金仕入や決済サイト短縮を条件に値下げ交渉する、④複数業者の見積りをとる、入札をする等があります。「率」なので、大きな変動費の改善に取り組むほど、効果が出ます。どの変動費から着手するかもポイントですね。

2-8 投資の意思決定をする

建物や機械といった固定資産を投資する局面では、その投資がもたらすであろう結果が有利か否かを予測し、意思決定することが必要です。機械導入を例に留意点を考えてみましょう。

機械化をすべきか否か

機械の導入により、人件費を減らすことが可能ですが、意思決定をする前に、**人件費の削減効果**が、**機械購入代金**に**見合うか**を判断することが必要です。

> 機械購入代金 < 機械を使い終わるまでの人件費の削減額

たとえば、1,000万円の機械を購入することにより、今まで2人で行っていた作業が1人でできるようになるとします。人件費が月20万円とすると年間で人件費の削減額は240万円です。4年間で960万円、5年間で1,200万円の削減となりますので、機械の使用見込期間が5年以上であれば、機械を導入することが合理的と判断されます。

正しい判断をするために必要なこと

意思決定は、将来の事象に一定の仮定を置いて行います。判断材料になるのは、あくまで現時点での見積りなのです。

ここが意思決定の難しいところです。購入した機械のために人手が削減されたとしても、製品が思ったほど売れない場合や、製品のライフサイクルが想定以上に短かった場合などは、機械を**使わなく**なってしまいます。「機械購入代金>機械を使い終わるまでの人件費の削減額」となり、投資が失敗となるおそれがありますね。

〖 自社生産か、委託生産か 〗

　「自社生産か、委託生産か」という選択も、よくある意思決定の1つです。委託生産の場合、機械を購入する必要がなく、費用は固定化されません。スタートアップ企業の場合、固定費が小さくすむ委託生産の方が有利とも考えられます。

　しかしながら長い目で見れば自社生産をした方が有利な場合もあります。その技術が会社のコアとなる技術である場合です。こうした場合は、**コスト削減のメリット**と**自社生産をして技術を自社内に育てることのメリット**とを勘案したうえで、慎重な判断が求められます。

2-9 売価を考える

売価の設定範囲

利益を得るには、売価が一定の範囲内であることが必要です。

原価 ＋ 販売費の中の変動費 ＜ 売価 ＜ 消費者が感じる商品価値

「原価 ＋ 販売費の中の変動費＜売価」は、明らかですね。これが守られないと、商品を売るほど、損失が積み上がる結果になります。

一方、**商品価値**とは、「この値段までであれば、買ってもよい」という価格のラインです。たとえば、Ａさんが、ある商品の価値を２万円と感じる場合、売価が２万円以下なら買い、逆に２万円を超えれば買いません。裏返すと、商品価値を高く感じさせることに成功すれば、売価を高く設定しても、買ってもらえるということです。したがって、**消費者にいかに高い商品価値を感じさせられるか**が経営上、重要な課題です。

商品価値を高めるには？

『マーケティング発想法[1]』という本で、４分の１インチのドリルが100万個売れたことに関して、「ドリルが売れたのは、人々がドリルを欲しがったのではなく、その大きさの穴を開けたかったからだ」という格言が紹介されています。つまり、消費者は、商品そのものでなく、それがもたらす効能に注目するというのです。これを衣類に応用すれば、消費者は、「体温調整機能のある布きれ」を買うわけではありません。「**洋服を着た素敵な自分**」の**期待も込めて買う**のです。

ベンチャー企業の場合、大きな資本やネームバリューもありません。しかし消費者の期待（商品価値）を高めるアイデアを出すのであれば、いろいろ考えつきそうですね。

1　T.レビット著、土岐坤訳『マーケティング発想法』1971年、ダイヤモンド社。

売価と商品価値と消費行動の関係とは？

「消費者が感じる商品価値の分布状況」と「売価」の関係

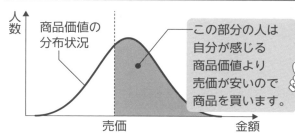

この部分の人は自分が感じる商品価値より売価が安いので商品を買います。

もし 商品価値を高めることができれば・・・？
例：「目の錯覚を利用した着やせ服」とポップに書く。
口コミを利用して、着やせ効果を広める
芸能人に着てもらう 等

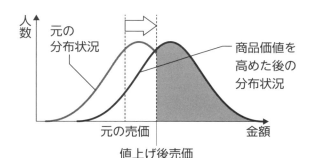

商品価値を高めることができれば、売価を上げても、販売数量を確保できるね！

2-10 ビジネスモデルを考える①

事業で利益を生み出す具体的なしくみを**ビジネスモデル**といいます。では、利益はどういった要素に関連するのかを考えてみましょう。

利益を上げるには？

利益の１つである営業利益は、次のように分解することができます。

営業利益 ＝ 売価 × 販売数量 −（売上原価 ＋ 販管費）

営業利益を増やすには、それぞれを以下のようにすればよいわけです。

営業利益⇧ ＝ 売価⇧ × 販売数量⇧ −（売上原価⇩ ＋ 販管費⇩）

すべての要素を利益にプラスになるように増加できればすばらしいですが、通常、そうはうまくいきません。「安い商品を大量に売る（例：量販店）」や「販売数量は少ないが、高級品を高く売る（例：高級品店）」、「コストを徹底的に削減する」など各社各様の工夫をしています。

販売数量をさらに分解すると？

販売数量は、さらに分解することができます。

【飲食店の場合】

販売数量 ＝ 顧客当たりの注文数量 × 店舗の収容人員 × 回転数

【小売業の場合】

販売数量 ＝ １回来店当たりの購入数 × 来店頻度

これらいずれかの要素に焦点を当てたビジネスモデルも多く存在します。その一例を右図で見てみましょう。

販売数量を増やし、儲けるタイプのビジネスモデル

モデル1 立食形式の飲食店の場合

店舗の収容人員	立食形式のため、多くの人を収容できる
回転数	立食形式のため、回転が良い

モデル2 レジ横の陳列棚の場合

レジ横に**ついで買い**しやすい商品を陳列する。レジ待ちの手持ちぶさたと、財布を開けるタイミングを利用し、**1回来店当たりの購入数**を高める。

モデル3 ポイントカードの場合

ポイントを貯めたいと思う消費者心理を利用し、使用する航空会社や家電量販店を自社に固定してもらい、**来店頻度**を高める。

売れ筋商品・死に筋商品を徹底分析することも考えられます。「8割の売上を2割の商品がかせぐ」とよくいわれるように、売れ筋商品・死に筋商品の分析は重要です。POSを用いることで、タイムリーな分析ができます。

2-11 ビジネスモデルを考える②

継続購入モデルで儲ける

利益の1つである営業利益は、次のように分解することができます。

営業利益 = **初回販売時の営業利益**
＋2回目以降の販売時の営業利益

つまり、**継続購入してもらえるしくみ**ができれば、初回は売価を低く設定し顧客を多く確保しておき、2回目以降の販売で利益を得て、全体で儲けることもできるのです。

この継続購入モデルで有名なのがプリンターです。消耗品であるインクは、機種ごとに決められていますので、プリンターを使用する限り、同じメーカーのインクを継続的に購入せざるをえません。プリンター本体の価格は、他社より安く設定して消費者に選んでもらい、継続的に購入するインクで、プリンターメーカーは、全体の儲けを得ているのです。

発想を柔軟にして儲けよう

主要サービス自体を無料にしても儲けるというモデルに、「LINE」があります。無料通話で一躍人気となったLINEですが、その収益を支えているのは、有料スタンプです。スタンプを使ったトークで表現力を上げたいという消費者の心理をうまく使っているのですね。

継続購入モデルでも、コンテンツ提供型のものが出てきました。なかでも、動画見放題、音楽聞き放題、オーディオブック聞き放題などのサブスクリプションサービスは、「少額課金でいくらでも楽しめる」と流行しています。コンテンツ提供型は、継続的なコンテンツの充実が必要であるものの、サービス提供に伴う追加コストがないという点が、企業側にメリットとなります。

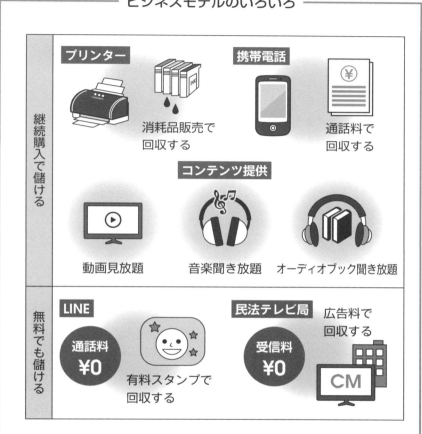

2-12 月次予算を作成する

予算の2つの作成方法

　予算作成は、**ボトムアップ式**と**トップダウン式**の2つの方法があります。

　ボトムアップ式とは、各部門の責任者が、「このぐらいの売上高や利益であれば達成できるだろう」とした見込みを部門単位で作成し、予算を積み上げていく方法です。

　トップダウン式とは、経営者が会社全体の売上高や利益の目標値を設定し、各部門に予算を割り当てていく方法です。

　各部門の責任者が見積もるボトムアップ式は、達成可能かどうかというところからスタートしますので現実的な数字となりやすい利点がある一方、目標数値としては低くなる傾向があります。

　一方、トップダウン式だと目標を示しやすいという利点がある一方、各部門に割り当てられた数値は、達成が難しく、現場から反感を買うということもありがちです。

　それぞれに長所・短所がありますので、両方式で作成したうえ、融合する、または**ボトムアップ式を最低クリアライン**とし、**トップダウン式を目標値**にするといった対応が理想的です。

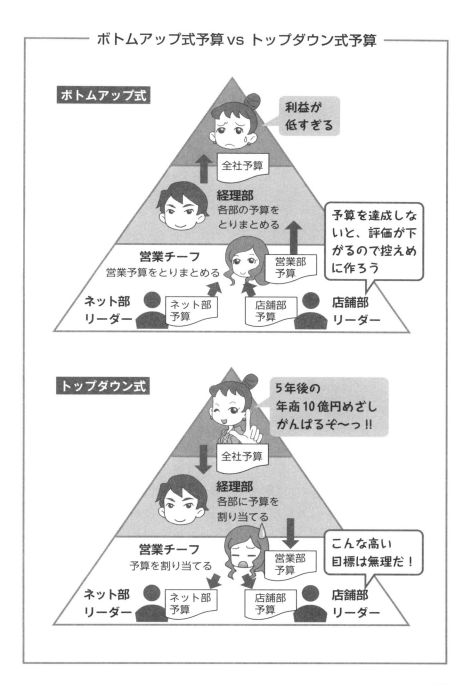

2-13 資金計画を立てる①

運転資金とは?

　キラキラ社は、みなみ社長がデザインした製品を仕入れ、販売することにより利益を得ています。利益を得ているということは、仕入れた製品代、人件費、家賃等の支出より製品の販売による収入の方が上回っているということです。ただし、これは「製品を仕入れてから、販売し、製品代を回収するまでの期間で通算すると、収入が支出を上回る」ということであり、どの期間でも収入が支出を上回っているというわけではありません。

　多くの商売では、支出が先に出て、収入が後になって入ってきます。このタイムラグがあるため、商売を回すためには、ある程度の資金を確保することが必要であり、これを**運転資金**といいます。

　買掛金と売掛金のサイト（締日から支払いまでの期間）を確認し、支払いが滞らないよう注意しましょう。

資金計画が必要なわけ

　資金がうまく回らず、約束した期日に支払いができない（**支払手形の不渡り**）と、どうなるでしょうか?　支払手形が2回不渡りになると銀行取引が停止になります。買掛金を支払えない場合も、取引先からの信用が大きく落ちることは避けられません。支払期日が近くなってから資金不足に気づき、銀行に借入れを申し込むのでは遅すぎます。

　資金計画の必要性はここにあります。毎月の収入・支出をきちんと予測し、いつ、どのくらい資金が不足しそうかを把握し、早めに資金調達をすることにより、会社の存続を可能にするのです。

58

運転資金が必要な理由

製品を仕入れてから売れるまでにタイムラグがあるから

買掛金のサイト < 売掛金のサイトの場合

　上記のような関係の場合、仕入と売上のタイムラグに加え、サイト差（この場合、1か月）の運転資金が必要となる。

2-14 資金計画を立てる②

「資金計画表」作成のステップ

　月次予算の情報だけでは、**資金計画表**を作ることはできません。各損益取引がどういうタイミングで入出金につながるかという情報が必要であり、また、損益に計上されない入出金があるためです。

　資金計画表作成にあたっては、まず、主要な取引条件（売上や仕入や経費の締め・入出金のタイミング）を把握する必要があります。売上については、現金売上と掛売上の割合も調べましょう。

　次に借入金の返済、定期積金による支出や定期預金・積金の満期情報もまとめます。これらは損益取引ではありませんが、定期的な入出金となるものです。

　これらを把握したのち、あらためて月次予算をとりだしてみましょう。たとえば11月の売上が700万円で、うち、60%が現金売上、40%が売掛金（月末締め、翌月末入金）とします。そうすれば、420万円を「11月の現金売上」、280万円を「12月の売掛金の回収」とします。人件費については、賞与の支出も忘れてはなりません。

　最後に通常の営業活動以外から出るイレギュラーな収入・支出を予測します。店舗出店する際の、設備投資や敷金保証金の差し入れがイレギュラーな支出です。不動産の売却が予定されていれば、売却額を見積もっておきましょう。

　これで資金計画表が完成します。年間を通じ、「次月繰越」がマイナスになっている月はないでしょうか？　もしあれば、資金調達の手を打つ必要がありますね（第3章参照）。

資金計画表作成とチェックポイント

(単位:千円)

		20X5/11月	20X5/12月
前月繰越		2,000	2,100
経常収入	現金の売上	4,200	6,000
	売掛金の回収	2,600	2,800
	その他の入金	—	—
経常収入計		6,800	8,800
経常支出	現金の仕入	—	—
	買掛金の支払	3,200	3,500
	給料・賞与等の支払	2,000	6,000
	その他の支出	1,000	1,000
経常支出計		6,200	10,500
経常外収入	借入金の調達	—	—
	その他の入金	—	—
経常外収入計		—	—
経常外支出	借入金の返済	500	500
	資産の購入	—	4,000
	その他の支出	—	—
経常外支出計		500	4,500
収支		100	△6,200
次月繰越		2,100	△4,100

資金計画表を作成してみて
12月末のように、「次月繰越」が
マイナスになったら、資金調達をして
「次月繰越」をプラスにするという
アクションを計画的に起こせるな。

61

第2章 プランを立てる!

女性起業家からのエール 2

大きな夢を叶えるカギは「ビジョンからの逆引き思考」

株式会社ウィルミナ　代表取締役社長　幸村潮菜

　起業を決めたら、誰しもがはじめに大きなビジョンを構想することでしょう。夢をただの夢で終わらせないためにはプランの立て方が重要です。

　現状のリソースで可能なことを1つずつ積み上げていく事業計画が、確実に成功に近づく方法と思えるかもしれません。しかし、その「積み上げ思考」では足元が固まってもゴールまでの距離は掴めず、いつまでもたどり着けない可能性があります。

　私が実践してきたのは、パーパスやビジョンからの「逆引き思考」です。いつまでにどんな状態になりたいのか？　まず大きな目標を立てたら、現状との差分を洗い出して因数分解します。そして、1年・半年・四半期・月・週・日と設定した期間に具体的な項目をブレイクダウン。こうすると、組織のメンバー全員にとってKPIが明確になります。

　私がかつて在籍していた楽天ではこんな言葉が交わされていました。

　　　「月に行こうという目標があったから、アポロは月に行けた。
　　　　飛行機を改良した結果、月に行けたわけではない。」
　　　　　　　　　　　　　　　（『成功の法則92ヶ条』著：三木谷浩史）

　アメリカのジョン・F・ケネディ大統領が、1960年代に有人宇宙飛行計画を宣言した「ムーンショット」ですね。

　壮大な未来を描いて見せるのが経営者の役目。あなたが描くパーパスやビジョンも、前人未到の難しい目標と思われるかもしれません。しかし、逆引き思考でプランを立てれば、1つずつのアクションは細分化されているので、自信を持って確実にこなせるはず。毎日小さな目標を達成して、大きなインパクトにつなげていくのです。

　あなた自身の夢を実現させるために、「逆引き思考」でプランを立てていきましょう。

◎ **幸村潮菜**　インターネット黎明期の楽天に入社し、コスメ、ウェルネスなど女性向け商材の責任者、営業統括部長を歴任した後、スタートアップの経営に参画。テクノロジーを使って顧客満足度を高めることを追求した数々の事業を立ち上げる。その後、半導体商社の事業開発責任者として、国内外の医療の先端イノベーション、ウェルネス領域への投資を担当。今ある眠れる資産を時代に合わせてアップデートし、イノベーションの基盤としていくことで新たな価値を生み出せると考え、創業40年の化粧品メーカーであるウィルミナの代表取締役社長に就任。慶應義塾大学大学院経営管理研究科修了。EY Winning Women 2023 ファイナリスト。

第3章 お金を集める！

日々の商売を回すための運転資金、設備投資のための設備資金と、あらゆる局面で資金は必要です。
手元資金で足りなくなったら、どうやってお金を集めればよいでしょう？

3-1 不足資金を把握しよう

太郎くんは資金計画表（**2-14**参照）を作成しましたが、次月繰越がマイナスになってしまったので、岩井先生に以下の解決法を教わりました。

資金不足の原因を調べる

まずはどうして資金が不足したか解明する必要があります。資金計画表に挙げられた項目ごとに、原因を検討します。具体的な原因には①採算がとれない取引の増加、②売掛金の増加、③買掛金の減少、④在庫の増加、⑤諸経費の増加、⑥多額の設備投資などが挙げられます。

資金不足での対応策を社内で考える

原因が解明できたら、次にキラキラ社内部での対応策を検討します。具体的には下記のような対応策が考えられます。

①採算がとれない取引については、**損益分岐点**等を見直す（**2-6**参照）。

②**売掛金の回収サイトの短縮**を得意先に交渉する。また**滞留売掛金の早期回収**を図る。

③**買掛金の支払サイトの延長**を仕入先に交渉する。

④適切な在庫水準を把握し、**過剰な在庫**はもたない（**5-5**参照）。

⑤業務の効率性の見直しによる**残業代削減**や、業者見直しによる**物品・サービス購入品代削減**を図る。

⑥**設備投資計画**の**再検討・再見積**を行う。

会社内での解決が難しい場合には、外部からの資金調達を

会社内で対処しても補いきれない資金不足が生じる場合もあります。また、企業が成長するためには、どうしてもある程度まとまった投資資金が必要となります。その際には、**外部からの資金調達**を考えます。

不足資金の解消

資金計画表の次月繰越がマイナス
- 項目別推移の確認
- 項目別原因の洗い出し

社内の対応策の検討・実施
- 採算性の確認
- 売掛金・買掛金のサイトの見直し
- 在庫の調整　等

社外の対応策の検討・実施
- 外部からの資金調達

(単位：千円)

		20X5/11月	20X5/12月
前月繰越		2,000	2,100
経常収入	現金の売上	4,200	6,000
	売掛金の回収	2,600	2,800
	その他の入金	—	—
経常収入計		6,800	8,800
経常支出	現金の仕入	—	—
	買掛金の支払	3,200	3,500
	給料・賞与等の支払	2,000	6,000
	その他の支出	1,000	1,000
経常支出計		6,200	10,500
経常外収入	借入金の調達	—	—
	その他の入金	—	—
経常外収入計		—	—
経常外支出	借入金の返済	500	500
	資産の購入	—	4,000
	その他の支出	—	—
経常外支出計		500	4,500
収支		100	△6,200
次月繰越		2,100	△4,100

資金計画表をチェック

対応策の検討

3-2 資金調達の３つの方法

　事業の拡大には、設備投資や広告宣伝のために多額の資金が必要となるときがあります。最初、みなみ社長は自己資金をキラキラ社に入れることで対応しましたが足りなくなり、外部から**お金を集める**ことを考えています。**お金を集める**方法には大きく分けて３つあります。**融資**と**出資**と**補助金**です。

融資─お金を借りる─

　銀行等がお金を貸すことを**融資**といいます。借入限度額は審査により決められます。借り手は元本の返済に加え、一定の**利息**を支払います。融資を受ける際には、しっかりとした返済計画の立案が重要です。

出資─お金を受け入れる─

　投資家が事業に必要な財産を提供することを**出資**といいます。株式会社の場合、出資の見返りとして**株主**の地位が与えられます。どの程度の金額を出資で受け入れるかは会社と出資者の交渉となります。融資とは異なり返済義務はありませんが、利益が出た場合には配当金を出資者に支払います。また、**株主**となった出資者は**株主総会**に出席し、会社の重要事項の決定に関与します。

補助金─お金をもらう─

　国・地方公共団体等から資金を援助してもらう方法です。補助金を受ける際には、所定の事項を記載した申請書を提出し、審査を受ける必要があります。その申請書作成にはかなりの手間と時間が必要な場合がありますが、補助金は原則として**返還が不要**です。

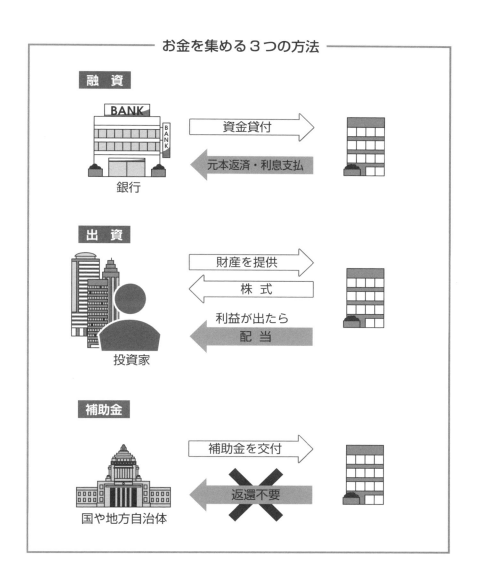

3-3 お金を借りる（融資）①

資金を調達するのに真っ先に考えられるのは、**融資（＝借金）**でしょう。**借金**というと聞こえがよくありませんが、事業上の融資は企業成長のために必要な資金です。

融資審査

融資の際には審査があり、**事業計画書**等を提出しなければなりません。**決算書**も重要なチェック対象となります。

そして、その審査により**融資枠**が決定されます。審査では主に３つのポイントがあります。

- 資金使途……借りたお金を何に使うのか？

　　　　　　　　　例：経常支出の資金、臨時支出の資金、納税資金等

- 返済原資……返済をするためのお金をどうやってつくるのか？
- 担保…………返済できなかったときにお金を回収する手段（**3-4**参照）

どこが融資をしてくれる？

まずは、融資元としては、**都市銀行・地方銀行・信用金庫**等があります。都市銀行は大口融資が多く融資審査が厳しいともいわれています。一方で信用金庫は中小企業向けの融資が多いようです。地方銀行は両者の中間に位置づけられます。

また、政府系金融機関を使う方法もあります。政府系金融機関には**日本政策金融公庫**、**商工組合中央金庫**等があり、中小企業者向けの融資に積極的です。日本政策金融公庫では、女性・若手起業家に対して有利な条件の融資制度がありますので、会社が条件に適合するか確認してみるとよいでしょう。

68

融資審査のチェックポイント

資金使途　返済原資　担　保

対応できるように
審査前に
しっかり準備！

政府系金融機関

信用金庫

都市銀行・地方銀行

融資の条件を
しっかりチェックしましょう

3-4 お金を借りる（融資）②

　融資を受ける際には、多くの場合、担保が必要となります。担保には**人的担保**と**物的担保**があります。人的担保とは**保証人**を付けること、物的担保とは**土地・建物**等を担保にすることを指します。

人的担保（保証人）

　融資の際には、原則として**保証人**が必要となります。みなみ社長が保証人となることもできますが、場合によっては新たな**連帯保証人**が必要となることがあります。その場合は、みなみ社長の家族や外部の第三者に連帯保証人をお願いすることになりますが、第三者を保証人にすることは難しいこともあります。

　その場合には、**信用保証制度**を利用するとよいでしょう。信用保証とは、会社が金融機関から融資を受ける際に、公的機関である**信用保証協会**等が保証することにより、担保力や信用力の不足をサポートすることです。ただし、信用保証を受ける場合には保証料が必要となります。

物的担保（不動産担保等）

　不動産を担保にする場合には、**抵当権**、**根抵当権**を設定し、登記がなされます。それにより、万が一返済不能となった場合には、その不動産を売却し、融資額の返済に充てることになります。複数の金融機関から融資を受ける場合には、不動産に複数の**抵当権**を設定します。その場合には、早く設定した順番に、第1抵当権・第2抵当権…と順位づけられます。そして、抵当権が行使される場合には、その順番で優先的に実行されます。

　キラキラ社は自社で土地・建物を所有していないため、信用保証協会等の利用を検討することになります。

70

信用保証協会とは

金融機関から事業資金を調達する際に、保証人となって融資を受けやすくなるようサポートする公的機関。
借主の返済が滞った場合は、借主に代わって金融機関に立て替え払いを行う。借主は保証の対価として、所定の信用保証料を支払う。

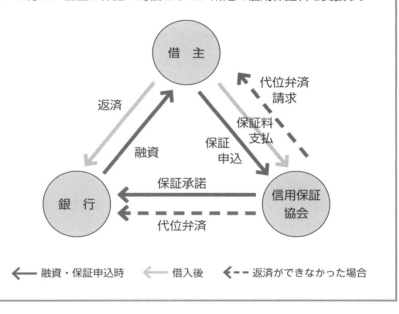

抵当権と根抵当権の違い

抵当権	根抵当権
特定の債権を担保するために設定する。融資を返済した場合は、抵当権が消滅する。	極度額を設定しその範囲内で継続的に複数の担保が設定できる。継続的な取引を行う当事者間で適する。

第3章 お金を集める！

3-5 お金を借りる（融資）③

　太郎くんは資金調達方法を検討中です。通常の融資の他に**当座貸越制度**があることや、一般融資にも**短期**、**長期**があることを知りました。よくわからないので、岩井先生にレクチャーを受けました。

当座貸越

　当座貸越とは、一定の融資限度額を設け、その限度額内で自由にお金を借りたり返したりできるものです。**当座預金**と連動しており、当座預金の残高が不足した場合には、設定した限度額内であれば自動的に貸越になります。貸し越された金額については、一定の金利に基づき**利息**を支払います。ただし、当座貸越は原則として**預金等の担保**が必要となり、その預金等の範囲内での限度額が設定されます。

　決済の資金が足りない場合等の**一時的な資金の借入れ**の際に、この当座貸越が適しています。

短期か長期か

　融資を受ける場合には、資金用途に合わせて、**短期借入**をするか**長期借入**をするかを判断することが重要です。短期借入とは1か月や半年など1年以内に返済する借入のことをいい、長期借入とは3年や10年など1年を超えて返済する借入のことをいいます。日常業務に関する支払決済に充てる等の運転資金は**短期借入**が、固定資産（不動産・機械）の購入などといった設備投資等については**長期借入**が適しています。

　長期借入は返済期間が長いので月々の返済の負担が少なく済みますが、金利は短期借入よりも高くなります。返済期間の決定は、資金計画に基づいて綿密に検討することが大切です。

当座貸越

- **当座預金とは**

支払に利用する預金で、現金の代わりに小切手や手形で支払いをする際にも使用。
無利息。

短期借入と長期借入の違い

	返済期間	資金用途	金利
短期借入	1年以内	運転資金	低い
長期借入	1年超	設備投資	高い

3-6 お金を受け入れる（出資）①

さらにキラキラ社は出資も検討し始めました。追加で出資をしてもらうことを**増資**といいます。増資には主に２つあります。

増資の種類

株主割当増資とは、現在の株主に持株比率に比例して出資をしてもらうものです。一方、**第三者割当増資**とは、株主以外（役員・従業員・取引先・ベンチャー・キャピタル（VC）等）から出資をしてもらうものです。ただし、現在の株主が出資をする場合でも、持株比率に比例して出資しないときには第三者割当増資と呼びます。株主割当増資をしても持株比率はそのままですが、第三者割当増資をすると**持株比率は変動**します。

出資者を探す

役員・従業員・知人に出資者になってもらう場合は、頼みやすい反面、多額の資金調達は難しいと思われます。

取引先に出資者になってもらう場合には交渉の手間はかかりますが、株主となってもらうことにより、事業連携を深めることができるでしょう。

VC・個人投資家は多額の資金調達をする際には、重要な存在です。ただしVCは**キャピタルゲイン**（株式などの資産を売却することで得られる利益）を目的に出資しますので、会社の価値を高めて、株式が売却可能な状況（**株式上場**等）にすることが求められます。

増資を受けた場合

増資を受けた後は、その出資者は**株主**となります。株主は、利益を配当として受け取る権利があります。**株主総会**にも出席し議決権を行使することにより経営に関与することになります。

株主割当増資と第三者割当増資

現在

	株式数	持株比率
みなみ社長	90株	90%
はるかさん	10株	10%
合　計	100株	100%

増資

◆株主割当増資をする場合

	増資前	増資	増資後	持株比率
みなみ社長	90株	9株	99株	90%
はるかさん	10株	1株	11株	10%
合　計	100株	10株	110株	100%

※増資後も、みなみ社長（経営者）の持株比率は変わらない。

◆第三者割当増資をする場合

	増資前	増資	増資後	持株比率
みなみ社長	90株	0株	90株	82%
はるかさん	10株	0株	10株	9%
外部投資家	0株	10株	10株	9%
合　計	100株	10株	110株	100%

※増資後は、みなみ社長（経営者）の持株比率が低下する。

株式会社では、原則、持株数に応じ、株主に議決権が与えられます。
外部株主の持株割合が増えた場合の影響を **3-7** で考えましょう。

3-7 お金を受け入れる（出資）②

みなみ社長が出資者を探したところ、ある投資家が5,000万円の出資をしてくれそうです。その際の注意点を考えてみましょう。

持株比率をキープすることが大事!

会社を円滑に経営するには経営者の**持株比率**を一定割合以上でキープするのが大切といわれています。その持株比率は、**持株数÷発行済株式数**で計算されます。第三者からの増資を受けると資金面は助かりますが、経営者の持株比率が下がると、経営者の意見や方針が株主総会で通らなくなるなど、思うような経営ができなくなるおそれがあります。今回のケースでもまずは**5,000万円÷株価**で増資株数を把握して、経営者の持株比率を一定割合でキープできるかの検討が望まれます。

持株比率は何%がよい?―安定株主比率―

会社の経営上の重要な事項は**株主総会**で決議されます。経営者がキープするのが好ましい比率の目安としては、株主総会の特別決議の可決に必要な発行済株式数の**2/3超**、普通決議の可決に必要な**1/2超**、特別決議を否決できる**1/3超**が挙げられます。経営者の持株比率のみでこの比率を達成しなければならないわけではなく、**安定株主**（目先の利益を優先せず、長期的に会社の株式を保有する株主）の持株も合わせ、この比率を達成できていると会社経営が安定します。

増資時の株価

増資をする際には株価がポイントとなります。株価とは会社の価値であり、その評価をする際には**類似業種比準価額**、**純資産価額**、**ディスカウントキャッシュ・フロー法**等のさまざまな方法があります。

持株比率の計算

$$持株比率 = \frac{持株数}{発行済株式数}$$

増資により発行済株式数が増えても、経営者の持株数が増えないと

↓

経営者の持株比率がDOWN！

持株比率は何％？

経営の意思決定に関連する持株比率

株主総会の特別決議を可決できる比率	発行済株式数（議決権付株式総数）の2/3超（約67％）
株主総会の普通決議を可決できる比率	発行済株式数（議決権付株式総数）の1/2超（約51％）
株主総会の特別決議に反対できる比率	発行済株式数（議決権付株式総数）の1/3超（約34％）

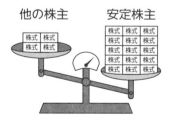

安定株主比率を適正にする！

3-8 お金を受け入れる（出資）③

　出資の方法の１つとして、起業後間もない会社では**クラウドファン**
ディングという方法が利用される場合があります。また、企業が成長し
た際には**IPO**（株式上場）という方法で出資を受けることができます。

クラウドファンディングって？

　クラウドファンディングとは、インターネット等を経由して、不特定
多数の者から資金を調達することです。

　クラウドファンディングは資金提供者に対するリターンの形態によっ
て**寄付型**、**投資型**、**購入型**等があります。

　この**投資型**により「１人当たり年間50万円を上限」「年間総額１億円
未満」の出資を受けての資金調達が可能です。

IPOを目指そう

　IPOとは自社の株式を証券取引所が開設する株式市場において自由
に売買ができるようにすることをいいます。

　株式上場時には会社は通常**公募・売出**を行います。**公募**とは、増資に
より一般投資家に対して新株式を発行することをいい、**売出**とは既存株
主が市場を通して株式を一般投資家に譲渡することをいいます。

　IPOをするには原則として会社の規模が一定以上である必要があり
ますが、公募を行う場合には、多額の資金調達が可能となります。

　みなみ社長は、「会社を成長させて、いずれはIPOをしたい♪」と考
えています。

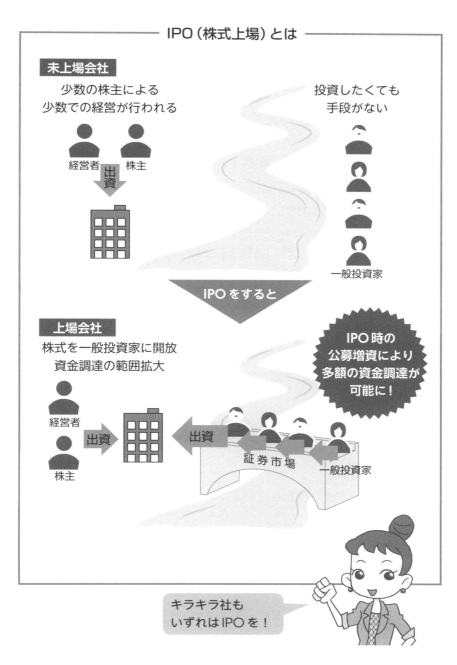

3-9 お金をもらう（補助金）

　その他にキラキラ社が考えたのは**補助金制度**の利用です。

　申請と報告という事前・事後の手続きを考えると少し面倒ではありますが、補助金は**返還不要**な点が何より魅力的です。

補助金を探す

　補助金にはいろいろな種類があります。会社の事業に適合する補助金を探すことがスタートです。WEB上の補助金の情報サイトを活用するのも有効です。補助金の対象者（「創業3年未満の企業」等）、助成対象経費（「オフィス賃借料」、「器具備品購入費」等）、助成額（「上限100万円」等）、助成率（「助成対象経費の3分の2以内」等）といった諸条件を確認し、申請可能か、活用するメリットが見込めるかを確認します。

申請書を作成・提出する

　補助金を選んだら、募集要項等をよく読み、規定に沿って申請書を作成します。WEB上の申請フォームに記入する形式も増えてきています。記載事項は**事業計画、収支計画等**です。申請書はわかりやすく正確に記載することがポイントとなります。

〈審査を受ける〉

　提出された申請書は審査を受けます。書類審査だけでなく、面接審査がある場合もあります。審査に合格すると、「交付決定」を受けます。

〈補助金をもらう〉

　補助金は原則**後払い**です。事業を実施し、その**報告書**を提出し審査を経て支給となります。つまり補助金を受け取る前に**自己資金**を使う必要があるので注意してください。必要とされる報告書の種類は事業開始前に確認し、事業の進行とともに報告書の準備も進めるとよいでしょう。

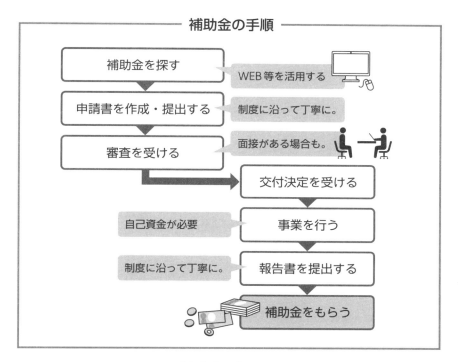

補助金の探し方

WEB上には、さまざまな補助金の情報サイトがあります。
そのなかで、公的機関が運営していて情報内容が充実しているサイトを
ご紹介します。

サイト名称	J-Net21 ―経営課題を解決する羅針盤―
トップURL	https://j-net21.smrj.go.jp/snavi/
運営主体	独立行政法人中小企業基盤整備機構
補助金情報	全国の中小企業向けの補助金施策を毎日更新して提供
補助金検索方法	検索サイトで「地域」、「種類」、「分野」を選択して簡単に検索できる。フリーワード検索も可能。創業者向け補助金・給付金（都道府県別）の一覧もある。
その他	補助金に限らず、中小企業経営者の課題解決をサポートする情報が幅広く提供されている。

※表内のURLの最終アクセス日：2025年1月10日

女性起業家からのエール 3

資金集めの多様化。自分に合ったものを見つけよう

Hubbit株式会社　代表取締役　臼井貴紀

　スタートアップの資金集めといえば、どのようなものをイメージしますか？「独立系のベンチャーキャピタルから出資された」とか聞くと、なんだかワクワクする。そんな想いをもつ方もいらっしゃるかもしれません。実は私もそうでした。スタートアップが何かもわからなかった時は、ニュースに出ている「1,000万円資金調達しました！」というニュースがとてもすごいことに見えて、なんだかかっこいい！と思っていました。しかし、実際起業をしてみると、どうやら資金到達することが「かっこいい」ことかというと必ずしもそうではなく、自分の事業や目指す姿によるんだなということを知りました。

　普通の事業であれば、融資でもいいかもしれない。国の課題を解決し得る事業であれば、補助金でもいいかもしれない。

　俗にいう「エクイティファイナンス」（株式の発行等による資金調達）では、企業の将来性に期待をいただいて、株を渡す代わりに資金と時間をいただき、スピードを上げて赤字を掘りながら事業を進めていくモデルです。すぐ利益が出るような一般的な事業では、「エクイティファイナンスをそもそもする必要があるのか」から考えた方がよいのです。儲かる仕組みがすぐできるのであれば、儲けてから、バリューアップをするための資金調達をすることもできます。

　昨今は国もスタートアップ支援に力を入れているので、売上がそこまで大きくない企業でも、スタートアップへの支援制度は手厚く、資金集めの方法はさまざまです。「資本政策は後戻りができない」という言葉をよく耳にすると思いますが、その意味をよく考え、周囲に流されず、自分に合った方法を模索していきましょう。

◎臼井貴紀　早稲田大学卒業後、ヤフーで営業・マーケティング・新規事業開発を担当。その後ヴァンテージマネジメントにてサービス立ち上げに携わる。2019年Hubbit株式会社を創業。「より良い最期をITで実現する」をミッションに、人々が高齢となっても利用できるICTツール「ケアびー」を開発している。高齢者施設に3カ月間住み込みをして開発した「ケアびー」は操作レスでビデオ通話を操作不要で実現、操作が苦手でも耳が聞こえにくくても利用できる。もし困ったことが発生しても全国に待機している「ケアびー」サポーターに遠隔操作でサポートをしてもらえるので安心である。EY Winning Women 2023 ファイナリスト。

第4章 仲間をつくる！

少人数で事業を進めてきたキラキラ社ですが、規模や業容が拡大し、みなみ社長は、仲間を増やしたいと思っています。
どんな点に気をつけたらいいのでしょうか？

4-1 成長期に直面する人的課題とは？

創業期の人材、成長期の人材

　創業期を無事切り抜け、成長期に入ると、業務量が急激に増えてきます。業務を円滑に行うためには、新規メンバーを迎えることになりますが、この過程で量的な面だけでなく、質的な変化が会社に生じます。

　たとえば、創業時からのメンバーは、苦楽をともにしていることで互いに強い結びつきがあり、会社に対する個人的な思い入れも強いでしょう。一方、即戦力を買われ成長期に採用された従業員等は、自分の腕に自信があるとともに、会社に対し客観的な見方をする傾向があります。

　これが悪いということではなく、成長期に入るということは**従業員の質的な面も変化する**ということなので、それに合わせて**組織を変えること**が必要です。

成長期をのりきる人材を確保するために

　創業時のメンバーで会社が経営されている間は、資金繰りも苦しく、会社の成長を励みに、給料の多寡にかかわらずがんばるという状態もあるでしょう。しかし、新たな人材を迎えるにあたっては、**報酬体系**を構築しなければなりません。

　また、数名で会社を回していたころは、特に役割分担を明確にしないまま得意な人、手が空いている人が業務を進めることもあるでしょうが、人が増えてくると、**部門**を作り**役職**を決めないと整理がつかなくなってきます。また承認する事項も増え、社長が全部を見ることも大変になってきます。

　つまり、**主観的、属人的、非公式**に行っていたことを**客観的、非属人的、公式**にする必要があるということです。このため**就業規則**をはじめ各種規則を文書化するといった取り組みが、成長期の会社では行われます。

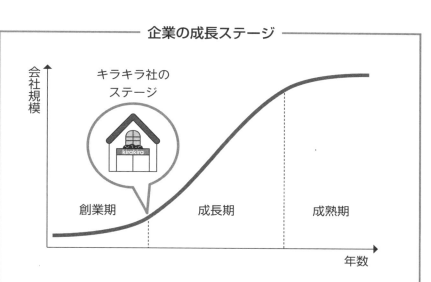

創業期から成長期移行時の変化[*]

	創業期	成長期
メンバーの属性	社長、創業時のメンバー等	会社が成長してから入社した者の比率が多くなる
報酬	主観的・属人的に決定	客観的・非属人的に決定
組織構造	特に決まった組織はない	組織が作られ始める
承認権限	社長等経営者が全般にわたり直接承認	職務権限に応じた役職者が承認
役割分担	明文化されていない	職務分掌が作成される
業務の進め方	個人の経験・資質で実施され、ルーチン化されていない	標準化が進み、マニュアルの一部が作成される
成長率	浮き沈みしながら改善	急成長

[*]:（独）中小企業基盤整備機構「ベンチャー企業の人材確保に関する調査」(2011年) を基に筆者加筆。

第4章 仲間をつくる！

4-2 必要な人材を確保する

人材確保で不利なベンチャー企業

ベンチャーのような小規模の会社では、**採用面で苦戦**を強いられます。

ある調査によると、従業員300人以上の会社では、求人倍率[1]は概ね1前後であるのに対し、300人未満の会社では、一貫して1を上回る、すなわち求人に対して就職希望が足りない状態となっています。

つまりベンチャー企業では思うような採用ができないということであり、多くの経営者が頭を悩ませています。

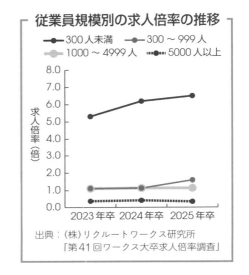

出典：(株)リクルートワークス研究所「第41回ワークス大卒求人倍率調査」

ベンチャー企業こそ優秀な人材が必要

思うような採用ができないことがベンチャー企業の現実ですが、妥協して採用することは望ましくありません。基礎ができあがっていないベンチャー企業だからこそ、**やる気のある優秀な人材**が必要なのです。

会社も就職希望者も「この程度で折り合うか」といった状態で入社を決めると、入社後も業務に対するモチベーションが上がらない可能性があります。これはと思った人を見つけたら、「小さい会社だけど、こんなビジョンがあるのです。あなたの力が必要。一緒にがんばりましょう」とアピールをすれば、相手のハートをつかめるかもしれませんね。

---

[1] 求人倍率＝求人数÷就業希望者数。1未満であると買い手市場、1超だと売り手市場を意味する。

残念な採用と望ましい採用

大企業より条件が悪いから、希望の人材でなくでも採用

両者とも満足せず入社⇒モチベーションが上がりにくい

ビジョンを語り、「会社に必要な人材」と説得し採用

意気投合し入社⇒モチベーションが上がりやすい

4-3 人事のルールを作ろう

就業規則とは

就業規則とは、労働者が遵守すべき規律や労働条件等のルールをまとめたものです。労働者10人以上の会社では、就業規則の作成が義務付けられています。

記載内容には、絶対に記載しなければならない**絶対的記載事項**、会社の定款で決められている場合には記載しなければならない**相対的記載事項**、記載をしてもしなくてもよい**任意的記載事項**に分類されます。

絶対的記載事項は、**労働時間、賃金、退職**に関する3項目です。相対的記載事項は**退職金**や**賞与等**、8項目が定められています。

就業規則に係る義務と効用

上記の通り労働者10人以上の会社では、就業規則の作成が必要ですが、労使に係る内容ですので、作成や変更にあたっては、過半数の労働者の意見を聞くことが義務付けられています。さらに就業規則は、**労働基準監督署**に提出し、労働者に周知させなければなりません。

こうした取扱いを考えると、就業規則に関し、会社には、義務ばかりがあるようにも思われます。しかし就業規則を設定することにより、給与や労働時間等を画一的に決定できる、**職場の秩序が確立する**といった効用が期待されます。何より労使条件が明確になることで、**無用な労使間のトラブル**で貴重な時間を割かれることが防止でき、ひいては**業績向上**にもつながると考えられますね。

88

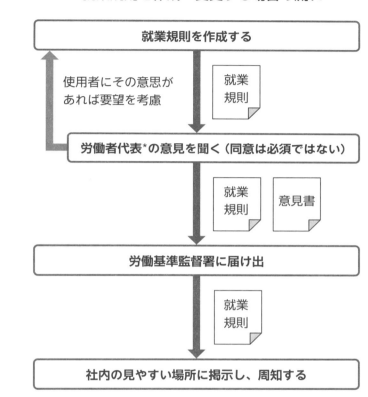

キラキラ社では、社内の電子掲示板に就業規則を掲示しているよ。

第4章 仲間をつくる！

4-4 給与に係る留意点とは？

賃金の範囲は？

一般的な賃金の構成は、右図の通りです。

所定外給与は、労働の時間帯により割増率が異なるため、算定のためには、「いつ」の労働かを把握することが必要となります。

所定外給与の支給範囲は？

労働基準法では、賃金その他の労働条件について規則を設けていますが、第41条で監督もしくは管理の地位にある者（以下、**管理監督者**）について例外を定めており、深夜割増賃金を除いて、管理監督者については所定外給与を支払わないことが認められます。「管理職になったら残業手当が出なくなる」という現象は、この定めが起因します。

ここで注意すべきは、必ずしもいわゆる**管理職＝管理監督者**ではないということです。管理監督者に該当するか否かは、**職務内容、責任と権限、勤務態様、賃金等の待遇**等の実態から総合判断され、役職名では決まりません。

部下を管理していないような実質的には管理者でない従業員に対して、形式的に管理職だからということで一律に残業手当や休日出勤手当を支給しないと「労働基準法上の管理監督者には該当しない、名ばかり管理職だ！」などといわれ、労働基準監督署による指導が入ることもありますので、注意が必要です。

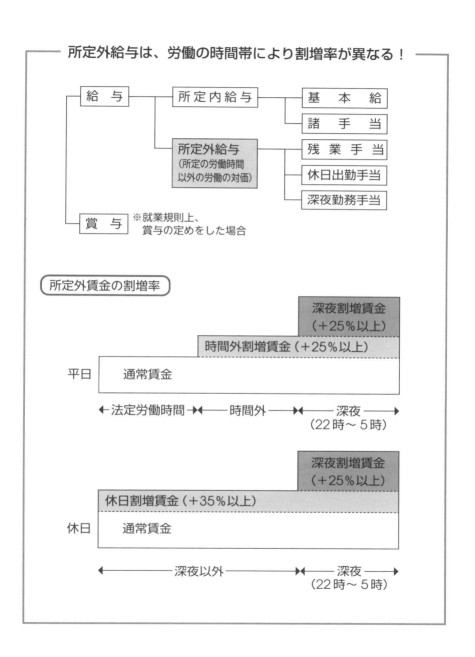

4-5 社会保険加入は会社の義務

会社は社会保険加入が義務付けられている

　厚生年金、健康保険、労働保険を総称し、**社会保険**といいます[2]が、法人であれば、いずれについても加入義務があります。

　もし資金繰りがうまくいかず、滞納してしまうとどうなるのでしょうか？　最初は、書面および電話等で督促が行われます。このときに納付する、または実情を話し、分割納付等の計画を立てれば、問題は大きくなりません。しかしこれを怠ると、**延滞金**が発生するばかりか、**財産調査⇒任意調査⇒強制調査**と進み、充当資産が見つかれば、**差し押さえ**がなされます。仮に差し押さえ対象が売掛金であれば、会社の信用は一気に落ちてしまいますね。

　こうしたトラブルを防ぐためにも、督促がなされた段階での適切かつ真摯な対応が重要です。会社の対応が悪いために、保険を受けられないといった不利益が従業員に及ぶようなことがあれば、経営者失格です。

社会保険料の負担率は？

　厚生年金、健康保険、労働保険の計算の基礎となる標準報酬は、少しずつ異なりますが、おおまかにいうと、**賃金の約15%**（右表参照）を社会保険料として会社が負担することとなります（2024年9月現在）。

　たとえば給与が20万円、賞与が年間4か月とすると、法定福利費も含めた会社負担額は、従業員1人につき20万円×（12＋4）か月×115％＝約370万円になります。社会保険の負担額は意外に大きく、この部分も予算に入れておかないといけませんね。

2　狭義には、厚生年金および健康保険を社会保険という。

各種社会保険の料率

	内容	標準報酬	負担率		備考
			会社	労働者	
厚生年金					
厚生年金	高齢・障害・死亡等の際、生活を支える	*1	91.50/1000	91.50/1000	
児童手当拠出金	児童手当の財源の一部となる	*1	3.60/1000	—	
健康保険					
健康保険	治療費の一部を払ってくれる	*1	50.00/1000	50.00/1000	*3,4
労働保険					
雇用保険	失業時等に一定の給付金を支給する	*2	9.50/1000	6.00/1000	
労災保険	業務上のけがや病気の治療費の支払いや生活保障をする	*2	3.00/1000	—	*5
一般拠出金		*2	0.02/1000	—	
合　計			157.62/1000	147.50/1000	

*1：標準報酬月額の場合、基本給＋諸手当＋年4回以上の賞与。4～6月の平均額を30等級に当てはめる。賞与の場合、実際支給額（1,000円未満切り捨て）。

*2：総支給額

*3：「協会けんぽ」の東京都の場合。

*4：上記のほか、40～64歳の人は、労使それぞれ8.6/1,000の介護保険がかかる。

*5：業種・職種によって異なる。上記は、「その他各種事業」の場合。

4-6 退職金制度を考える

退職金制度とは？

　退職金とは、従業員の退職日以降に会社から支給される金銭をいいます。退職時の一時点で支給される**退職一時金**、年金として支給される**退職年金**といった種類がありますが、日本では多くの会社で、いずれかまたは両方の退職金制度が採用されています。

　そもそも退職金制度が日本に定着したのは、**年功序列・終身雇用**といった雇用環境を背景にしているといわれています。退職金の算定方法はさまざまですが、勤続期間が長いほど有利なものがほとんどであり、「なるべく長く働いてほしい」という会社の思惑にマッチしていたのでしょうね。

成果主義・人材の流動化が退職金制度に与える影響

　ところが、年功序列・終身雇用も徐々に崩れてきています。給与の決定に際し**成果主義**が取り入れられるようになり、また転職も以前より容易にできるようになりました。

　これに伴い、退職金制度を見直す動きが出てきています。退職金制度をやめる、あるいは、退職時に支払うのではなく、賞与や給与に上乗せするといった**退職金前払制度**をとる会社も出てきました。

　ベンチャー企業の従業員は、独立したり、または、ステップアップのために転職したりと勤続期間は短い傾向にあります。こうした働き方をする従業員にとっては、退職金よりも年収を厚くする方が、効果的かもしれません。

　人事規程を作る際は、こうしたことを勘案したうえで、もっとも効果的な制度を構築したいものですね。

94

退職金前払制度とは？

退職金の原資を給与や賞与に上乗せする制度。所得税法上は、退職金の扱いを受けず、退職金の優遇税制が受けられない。

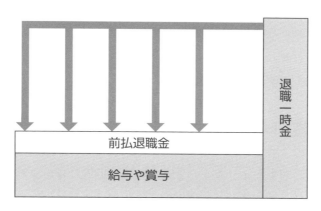

定年まで
会社にいるか、
よくわからないし…

出費が多い
若い時代に前倒しで
もらえるのも
いいかも…

4-7 組織を整える①

　会社が小規模なうちは、職務分担はあまり明確でなく、皆ができる仕事をして、皆でカバーしあって仕事を進めていくでしょうし、また全承認権限が社長にあることが多いでしょう。しかし規模が拡大すると、複数の人が協力して業務を進めていく必要があるため、誰がどのような業務を行うかという**業務の範囲**や**権限の範囲**を決めておかないと、業務に支障をきたしかねません。そこで業務の範囲や権限の範囲（**職務分掌**と**職務権限**）の明確化が必要となります。

「ヨコ」の役割の明確化〜職務分掌〜

　組織作りの1つは、「ヨコ」つまり、**職務分担の明確化**です。

　売掛金の回収で考えてみましょう。売掛金回収に伴う業務は、①回収額と請求額の一致の確認、②売掛金元帳の消込の2つからなります。規模が大きくなり、1人では全部をこなせなくなった場合、複数の人が協力して進めていく必要がありますが、何もルールがなく複数で担当した場合、誰が何をやったらよいのかわからず、業務の重複や見逃しなどが発生して混乱してしまうでしょう。

　そのため、たとえば「①回収額の確認はAさん、②元帳の消込はBさん」というように、**職務の範囲を明確化**する必要があります。

　このように適切に職務範囲を明確にすることで、**不正の防止**にも役立ちます。もし①も②も1人で担当すると、回収金を着服し、売掛金元帳を偽造することにより、不正を隠ぺいすることも可能です。こうした不正は、①・②を別の担当者が行うということにより防止できます。このように職務分担を適切に分けることを**職務分掌**といいます。

職務分掌が明確なら、不正を早く発見できる

小切手を用いた売掛金の横領の場合

9/30：従業員Aは、顧客Xから売掛金100を小切手で回収するが、着服し、会社には、Xからの回収が遅れていると報告。
10/15：顧客Yからの売掛金で着服したXの穴をうめ、会社には、Xの回収ができ、Yの回収が遅れていると報告。

Aが売掛金の回収も、消込もする場合   売掛金の消込は、別の担当者Bがする場合

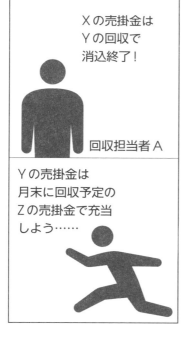

4-8 組織を整える②

「タテ」の権限と責任の明確化～職務権限～

2つ目は「タテ」の見直し、つまり、**承認権限の明確化**です。

会社が小さいときには、すべての事項について社長が決裁していることもよくあります。また、信頼できる少数の仲間だけで仕事をしていますので、なんでも任せて、後で報告だけを受けている（場合によっては報告もなし）ようなこともあるでしょう。

会社が大きくなったときに、細かいことについても、すべて社長が決裁していくのは非効率ですし、現実的ではありません。ある程度の意思決定は、誰かに任せていかなければ会社が回らなくなります。

そこで、部課長の役職をつくり、**権限委譲**していく必要があります。質的量的な重要性に応じ決裁権限を決めておけば、細かい案件は部課長が決裁し、社長は重要な意思決定に専念できます。また、ルールとして**事前承認者**を決めておくことで、個人の勝手な判断で業務が行われることを防ぐことにもなります。

委譲する権限の範囲が過小では業務の効率化が図れませんし、過大でも不正の原因となります。**会社の規模に合わせた職務権限**を設定することが必要です。職務権限では、**金額基準**のほか、「予算内か、予算外か」といった基準もあります。

98

適切な職務権限で業務が円滑に回る

職務権限が整備されていない状況

社長の決裁事項が多く、社長業に専念できない

職務権限が整備・運用されている状況

社長は重要事項のみ決裁し、社長業に専念できる

4-9 正社員以外の人材を活かそう

雇用形態は正社員だけではない

雇用形態は、大きく以下の4つに分けることができます。

雇用形態	契約関係	特徴
正社員	雇用契約	雇用期間は定められていない。
契約社員		雇用期間を定められている。仕事内容や勤務時間は、正社員と同程度。
パートタイム労働者[3]		正社員より勤務期間・1週間あたりの勤務時間が短い労働者。
派遣社員	派遣契約	人材派遣会社に登録し、派遣先の会社で働く労働者。

　正社員以外の従業員（以下、**非正規労働者**）の雇用により、会社は、事業の繁閑への対応や人件費の抑制ができます。雇用者側にも、空き時間に働ける、家計の足しになるといったメリットがあります。労働市場でのアンマッチ問題という背景もあり、非正規労働者の割合は、増加傾向にあり、現在は4割にせまる勢いです[4]。

　この非正規労働者に対しては、簡単な作業をさせるということがよく見受けられます。しかし、これだけ多くの割合を占める非正規労働者を活かさない手はありません。実際、飲食業や小売業等、非正規労働者率の高い産業では、**昇給・昇格・評価の明確化**や、**責任ある立場への登用**で、非正規労働者のモチベーション向上に成功している会社もあります。

　何かの縁でせっかく会社で働いていてくれる人たちですから、雇用形態にかかわらず、仲間として、気持ちよく働いてほしいものです。経営者としては、そのために何をすべきかを考えることが重要です。

3　パートタイマー、アルバイトといった呼称にかかわらず、上記条件に該当する場合、パートタイム労働者となる。

4　総務省「労働力調査」：2024年7～9月期平均。

非正規労働者のモチベーションを上げるための取り組み例

1 昇給・昇格や正社員への転換制度を設ける

2 責任ある立場に登用する

3 業務内容を標準化・マニュアル化し、初心者でも対応しやすくする

4 コミュニケーションをはかり、不満を聞く

女性起業家からのエール 4

『仲間』とはどんな人か

株式会社 Glocalist　代表取締役 CEO　吉川真実

　現在私が経営するGlocalistは、私個人として起業2社目になり、起業家としては12年目です。過去を振り返ると失敗やご迷惑をおかけした記憶ばかりが思い出され、この本を手にとられた皆さんに「しくじり先生」よろしく何かお伝えできたらと思いつつ、筆を執っています。

　経営や事業は、一度始めると、さまざまな困難、市況の変化や技術革新の波等の事象が絶え間なく起こるため、適切な対策を講じるのに精一杯な状況になりがちです。そのような日々のなかで、一緒に事業を担ってくれる仲間や背中を預け合える経営陣を集めていくのですから、どうしても採用志向として「経験がある人」「今すぐ稼働できる人」といった考えになってしまうのは、やむを得ません。

　また、起業や経営を漫画「ワンピース」に例えられることがありますが、現実では自社事業にとって最適なタイミングで「麦わらの一味」のような素敵な方々が突如現れることはなく、「この人だ！」と意中の人材と出会えても、日本国内368万社を優に超える魅力的な他社と採りあわなければならないのです。

　だからこそ、創業時こそ、MVV（ミッション・ビジョン・バリュー）、事業計画と併せて「どんな組織・社風にしたいのか？」「企業成長や（たとえばIPOのような）大きな目標を成すために、一緒に走りきってくれるのはどのような人だろうか？」と思考を巡らし、キャリアや経験だけではなく自社に合う志向や考え方等を言語化することが大事です。

　ナミやサンジのような素敵な方と出会えたときに、「なぜ同じ船に乗ってほしいのか」を率直に伝え、仲間を増やしていかれることを心より応援しています。

☺ **吉川真実**　立命館大学卒業後、リクルートでHR事業に携わる。その後自身1社目の起業となるクロスボーダーマーケティング事業会社を創業。アジアを中心とする10カ国に拠点・現地法人を設立。2020年Glocalistを創業。グローバルビジネスにおけるリスクマネジメントSaaS「Glocalist」を提供する。各国官公庁等から即時収集した行政文書データベースを中核に、各種機能により事業リスクを即時検知・対策が行える、各社のガバナンス価値向上を支援するサービス・アプリケーションである。現在の対応国は、インド、ベトナム、タイ、インドネシア、マレーシアのアジア5カ国。今後さらに対応国を増やし、海外展開を行う事業者の事業リスクを事業機会へと繋げることを目指す。EY Winning Women 2023 ファイナリスト。

第5章 資産の管理はできていますか？

現預金、在庫、売掛金－いずれも大事な資産です。
これら資産を安全かつ効率的に管理するのには、
何に注意をすればよいでしょうか？

5-1 現預金を管理する①

現預金の管理の重要性

　現預金は会社が事業を続け、拡大するための**基本的かつもっとも重要な資産**です。資金が不足すると借入金の返済や各種支払いがストップし、倒産という事態につながりかねません。

　また現預金は**横領の対象となりやすい資産**です。横領という意味では棚卸資産も対象となりますが、金地金や宝飾品といった一部の資産を除き、特殊な販売ルートをもっていない限り素人が換金するのは難しく、また足がつく可能性もあります。この点、現預金はこういった心配が少なく横領されやすいといえます。

　このため、現預金の管理は資産のなかで最重要といえるのです。

現金管理のポイント

　資産に共通する管理のポイントは、①**資産のあるべき金額と実際の在り高の乖離の有無を確認する**こと、②**担当者のほか、査閲者を配置する**ことにより牽制機能を働かせ、③**押印やサインで責任の所在を明らかにする**ことです。

　たとえば小口現金の場合は**小口現金出納帳と現金実査表**を、店舗における売上金や釣銭現金は**営業日報**と**現金実査表や預金通帳**（売上金を銀行に預け入れる場合）を照合することにより、あるべき残高と実際の在り高の一致を確認します。

　査閲者については通常上長ということになりますが、店舗における現金については店舗以外の人間が定期的に確認することが望まれます。取扱い商品や店舗規模にもよりますが、店舗の売上金は、1日当たり数万円〜数十万円になり、横領のリスクも高いからです。

104

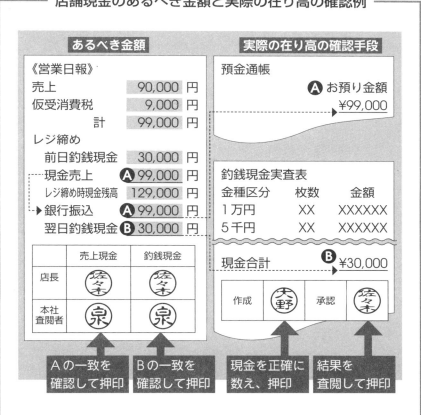

なるほど、
このように整理されていれば、
後日、店舗に行ったときでも
あるべき金額と実際の在り高の
一致が確認できるな!

5-2 現預金を管理する②

売上金を盗難から守るには？

多額の現金を手元に保管しておくのは盗難の危険があります。そこで多くの会社では手元現金は必要最低限にし、残りは銀行に預けています。

閉店後に店舗の売上金を**銀行に預ける**場合、**ATMに入金する**という方法の他、警備会社の集金サービスを利用する会社も増えてきました。

売上金に係る不正を防ぐには？

銀行の**営業時間外**にお金を預けると処理は**翌営業日以降**となりますが、これを利用した不正があります。つまり今日の売上金の一部を借用し、入金のタイミングを翌日にずらし借用分を翌日の売上金で充当するという不正です。はじめは少額で一時的な借用のつもりが、徐々に多額となり入金と処理日のずれも大きくなり発覚するということもあります。

こうした不正を予防するには、入金と処理日の理論的なずれを把握することです。それ以上のずれが発生している場合は理由を担当者に尋ねて、不正が発生していないかどうかを確かめましょう。

また他に売上金に係る不正として、販売員がレジの中にあるお金を盗むという手口や、レジ操作で売上を不正に取り消して、その売上金を持ち帰るというような手口も考えられます。

社員や販売員に対する教育が大切なことはもちろんですが、不正が発生する機会をできるだけなくすよう、販売員を2名以上の体制にしたり、レジ周りに監視カメラをつけることも検討してみましょう。

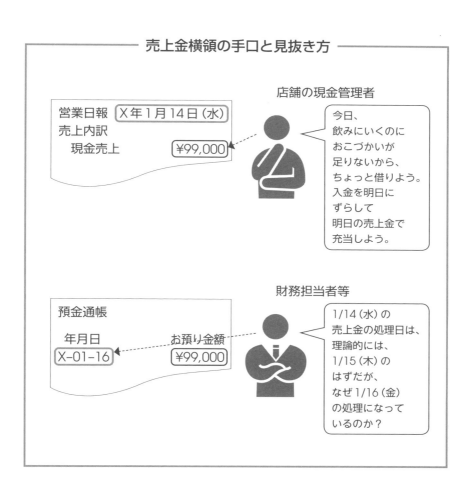

5-3 在庫数を台帳で把握しよう

リアルタイムで在庫数を把握するには

製品や商品（以下、**在庫**）は、販売するために保有する資産であり、売上に直接結びつきます。お客様から問い合わせがあったとき、手元在庫で足りるのか、生産や仕入をしなければならないのかを判断するためには、**リアルタイムで在庫数を把握できる体制**が望ましいです。

在庫数を把握するには、**在庫台帳を用いる方法**（月初の在庫数と月中の在庫の増減から在庫数を算出する）と、**棚卸による方法**（現物を数える）があります。注文があったときにその都度棚卸をすることは現実的でなく、在庫台帳を用いることとなります。

在庫台帳のしくみ

在庫数は、以下の計算式で算出されます。

現在の在庫数 ＝ 月初の在庫数 ＋ 当月の入庫 － 当月の出庫

リアルタイムで在庫数を知るには、動き（生産、仕入、販売、移動等）がある都度、増減数を在庫台帳に反映することが必要です。

また、

在庫金額 ＝ 単価 × 数量

ですので、単価情報を入れておけば、在庫金額も計算できます。

在庫が複数の場所にある場合の管理方法

在庫が複数の場所（倉庫や店舗など）にある場合は、場所別に管理しましょう。これにより、実際の在り高と在庫台帳の数量のチェックも容易になりますし、他の部署からの取り寄せも楽にできますね。

108

在庫台帳による在庫数の把握例

この服の11号サイズはありますか？

お客様にこのように聞かれた場合も、在庫台帳をリアルタイムで管理していれば…

在庫照会

商品コード	10213		
品名	スリムストライプワンピース		
サイズ	11号		
在庫情報	銀座店	倉庫	全社計
月初在庫①	1着	9着	10着
入庫数②	3着	0着	3着
出庫数③	4着	3着	7着
現在庫（①+②-③）	0着	6着	6着

迅速な対応ができ、販売促進に役立つ

現在、店舗にはありませんが、倉庫にありますので、明日までに取り寄せられます。

5-4 棚卸を定期的に実施していますか？

棚卸の目的

在庫台帳の在庫数は、計算上の在庫数であり、その数の在庫が実在するとは限りません。そこで、定期的な**棚卸**の実施が必要になります。**棚卸**とは、現物の動きをいったん止め、品番ごと種類ごとに、実際に数えることです。

棚卸の目的は、実際の数量を把握することだけではありません。仕入数や販売数の入力誤りや入力遅れ、在庫の盗難などは、帳簿上の在庫数と実際の在庫数の不一致原因となります。棚卸の過程では、不一致原因を調査しますので、その原因に応じた処理をして、帳簿上の在庫数を現物のカウント数と一致させます。また、不一致原因を分析することで、その後の業務改善に役立てることができます。

棚卸の際は、数量チェックだけでなく、キズや色あせがないかといった品質チェックや、滞留状況もチェックします。在庫は販売するためのものであり、販売品として問題がないかを確認するためです。

棚卸の頻度

キラキラ社では、委託生産した製品の入荷数とネット販売の出荷数を、日々在庫台帳に入力し在庫数を把握していますが、棚卸は期末に1回しか実施していません。棚卸の結果、毎年差異が発生しているのですが、年に1回しか実施しないので、十分にその原因を分析できていません。

このような場合には、**棚卸の頻度を増やす**ことが望まれます。頻度が高ければ「先月から仕入担当者が変更になり、仕入の入力が間に合わなかった」、「X月X日の販売数の入力誤りである」など、棚卸差異の原因が分析しやすく、担当者への問題点の指摘が具体的にできますね。

110

在庫台帳の残高と現物のカウント数に差異が出る原因

在庫の入出庫の入力もれや遅れ

疲れた。
在庫台帳への反映は、
後でしよう…。

万引きや横領

在庫の入出庫の入力誤り

カウント誤り

整理整頓
されていなくて
数えにくい…

備品などの固定資産についても、
固定資産台帳と現物との
チェックを行い、
使用していないものがないか、
なくなっているものがないか、
定期的に確認することが必要です。

5-5 在庫はいつも適正量に

適正な在庫量にしておくことの大切さ

　お客様が来店しているのに品切れであったり、受注があった場合に迅速に対応できるだけの在庫がなく注文を受けられないとすれば、販売チャンスを逃すだけでなく、会社の評判を落とすことにもなり、大きなマイナスです。

　一方で在庫が多すぎると、**資金が固定化する**、**売れ残りリスクが高まる**、**倉庫料がかさむ**等の問題も生じます。そこで、**在庫の適正量**を把握しておき、適正量を保つことがとても大切なのです。

適正在庫とは？

　汎用品等の同じ品目を繰り返し仕入れる場合は、一般的に仕入先が一定水準の在庫を確保しています。このため**リードタイム**（発注から納品までの期間）さえ念頭に置いておけば、品切れリスクはある程度捨象して、**コスト面（在庫コストと発注コストの合計）の観点から有利な発注量を決めればよい**ことになります。

在庫コスト 例：倉庫代	在庫量に比例する （発注量を小さくするほど圧縮できる）
発注コスト 例：配送料	発注頻度に比例する （発注量が小さいほど発注頻度が高く、コスト高になる）

　一方、キラキラ社のように、**特注品を委託生産する場合**は、**生産量の検討が必要**となります。キラキラ社では、これまでは売上を伸ばすことを第一に、シーズンでの販売見込量より少し多めの生産量としていましたが、それによる売れ残りが問題となっていました。そこでみなみ社長は、今後は販売見込みをより正確に立て、見込みどおりの数量を委託生産することにしました。

112

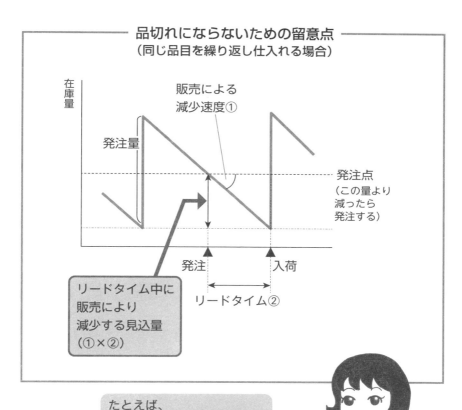

たとえば、
毎日平均2着ずつ売れて
リードタイムが3日なら、
2着×3日=6着まで
減少したら、発注します。
ただし、
売れ行きも一定でないので、
発注点を7〜8着にしたら
品切れリスクをより
低くできますね。

5-6 売れない在庫が残っていませんか？

滞留在庫の問題点

　シーズンを過ぎたり、型番が古くなったなどの理由で、販売スピードが落ち、販売見込みが乏しくなった在庫のことを**滞留在庫**といいます。

　滞留在庫には２つの大きな問題点があります。第一に、滞留在庫は**資金を固定化**させます。仕入れた商品を即座に販売できれば、仕入代金はすぐに売上金で回収でき、その資金を別の用途に利用することができます。しかし仮に仕入から販売まで１年もかかるようでは、それまでの間、会社の資金が在庫という形で固定化されてしまいます。

　第二に滞留在庫は**損失を発生**させることがあります。滞留在庫は通常、当初設定した売価のまま販売しにくいものです。製造原価や仕入値を下回るほど売価を下げたり廃棄したりという状況になることもあり、その場合には損失が発生します。

滞留在庫の把握と対策

　滞留在庫を発生させないためには、**適正な在庫量を把握**し（**5-5**参照）、過剰な在庫をもたないようにすることが大切です。また滞留の兆候を早めに把握し、影響を最小限にするような対策をとることも重要です。

　具体的には、**最終出荷日から一定期間を経過している在庫**の品番と数量をリスト化し、原因を分析したうえで、定期的に責任者（社長や仕入・製造・販売責任者等）に報告します。責任者は、この情報により、仕入・製造量の調整や、販売促進方法の検討を行い、滞留在庫を減らすための施策をとることができます。

滞留在庫の把握方法

会社の取扱い商品の性格に応じ、最終出荷日からどれだけ経過すれば、リストアップするかをあらかじめ決めておくのも1つの方法です。

滞留在庫一覧表

最終出荷日			20X3年3月31日以前	
商品コード／品名	数量	単価	金額	最終出荷日
17415 カシュクールワンピース	10	7,000	70,000	20X3/2/20
11375 ストレッチジャケット	5	10,000	50,000	20X2/12/9
15482 ボウタイストライプシャツ	3	3,000	9,000	20X2/11/20

滞留在庫は、
将来的に赤字での販売や、
廃棄に伴う損失発生が考えられます。
このため、
評価損を計上するといった
会計面での手当も検討が必要です。

5-7 そのお客様は大丈夫？

お客様選びの大切さ

　掛け売りをするときに注意すべきなのは、「信頼できるお客様」、つまり、**代金をまちがいなく支払ってくれるお客様**かどうかの見極めです。たとえば60万円で仕入れた商品を100万円で販売しても、その代金を回収できなければ、儲かるどころではなく、60万円の損失が発生してしまいます。

新規取引先に対する調査

　初めての会社と取引をする場合には、会社の住所として記載された場所に本当に会社が存在するか、**倒産リスクが低い**かなどについて確認することが重要です。

　多額な取引を開始するなど、慎重に検討する必要がある場合には、調査機関に**信用調査**を依頼することも考えられますが、すべての新規取引先に対してそのようなコストをかけられないケースが一般的と思われます。

　そこで、まずは会社のホームページで情報収集し、さらに**有料の企業データベース**を利用して、会社の概要や業績を把握することをお薦めします。インターネットで、会社の評判をチェックすることも考えられます。

調査結果をどう活かす？

　調査した結果、関わるべきではない危ない会社と判断した場合には、取引を断りましょう。それ以外の会社については、各社の信用力をランクづけし、ランクに応じて取引額の上限（**与信枠**）や**決裁権限**を決めておきましょう。このように相手の会社のリスクに応じた決裁や取引ができるようなしくみを作っておくことが重要です。

116

与信を超える場合の取引はどうするか？

取引をするにあたっては、信用度を調べ、取引限度額を決める。

〈キラキラ社における検討フロー〉

与信枠が200万円の相手先（例：ABC社）から、500万円の取引を打診された場合

与信枠（200万円）以下か？

YES → 営業部長の決裁で取引可

NO

社長が決裁するか？

YES → 社長の決裁で取引

NO

取引はしない。

キラキラ社の選択

ABC社倒産!?
取引しないで
よかった〜ぁ！

5-8 売掛金を台帳で管理しよう

売掛金管理台帳の必要性

会計ソフトを利用すれば、得意先ごとの残高の推移を把握することができます。しかし売掛金は、**残高**だけでなく、**いつ発生したどの取引の売掛金が残っているのか個別に把握すること**が必要です。

売掛金のこうした管理に特化した帳簿が**売掛金管理台帳**[1] です。売掛金管理台帳は得意先ごとに分かれており、取引の都度、日付、取引内容、金額等を記録します。売掛金が入金された場合には、どの売掛金がいつどれだけ回収されたのかわかるように**消込**をしていきます。

売掛金の消込に係る留意点

たとえば、ある得意先に対し、先月は100万円、当月は80万円の売上があり、当月末に税込88万円（税抜80万円）の入金があったとします。このような場合、この入金は先月と当月、どちらの売上に対応するのか、得意先に確認したうえで**消込**をする必要があります。得意先が先月分の取引額100万円を80万円と間違えているのなら、先方の認識の訂正が必要だからです。

入金期日の管理

締日や支払日までの期間といった売掛金の回収条件は、得意先により異なることが考えられます。売掛金管理台帳と回収条件を照らし合わせれば、期日どおりに入金されていない売掛金の把握ができます。期日どおりに入金されない場合には、どの取引について入金がなされていないのか、取引先に対し、具体的に確認や督促をしていきましょう。

1　得意先元帳という呼び方もある。

売掛金管理台帳の例

売掛金管理台帳

得意先	㈱XYZ通販	得意先コード	00063
期間	20X4/11/1	～	20X4/12/31

伝票日付 伝票番号	区分 状態	商品コード 品名/摘要	課税区分 単価	数量	売上額	入金額	残高 備考
		繰越					0
20X4/11/29 00000155	掛売上 請求済	10213 スリムストライプワンピース	10% 25,000	40	1,000,000	0	1,000,000
							1,100,000
		(消費税)			100,000	0	
20X4/12/1 00000003	掛売上 請求済	13928 カシュクールドットワンピース	10% 20,000	40	800,000	0	1,900,000
							1,980,000
		(消費税)			80,000	0	

普通預金(兼お借入明細)				
年月日	お取引内容	お支払金額	お預り金額	差引残高
X4-12-29	振込		880,000	XXXXX

入金額は、
税抜にすると80万円だが、
これは、
11月分の100万円の一部か
12月分の80万円なのか
どちらか確認しよう!

第5章 資産の管理はできていますか?

5-9 売掛金が入金されない……

売掛金が滞留したときにすべきこと

　売掛金が期日どおりに入金されない場合には、すみやかに得意先に連絡し、入金されない理由を確認しましょう。相手先の検収タイミングによる合理的なずれ等の場合は問題ありませんが、認識金額の不一致や、先方の経理部が取引自体を認識していないような場合には、取引の存在や金額がわかる根拠資料を示して、入金を促す必要があります。

　しかしそれ以上に問題なのは、先方が債務を認識しているのに、「支払えない」という場合です。

早急に対応することの必要性

　取引開始時の与信調査には問題がなく、財政状態が健全な会社であったとしても、その後業績が悪化し、資金繰りがひっ迫することもありえます。売掛金の入金状況をタイムリーに把握し、入金が遅れがちの場合や、支払期限の延長を求められるような場合には、今後の取引量を減少させる、または取引をストップするなど、早急に手を打つことが必要です。また日頃から、訪問や電話により、取引先の社内の雰囲気の変化や従業員の大量退職など、業績の悪化を示す兆候がないか、察知するようにしましょう。

最悪の事態になったら

　得意先と連絡がとれなくなった場合や、倒産した場合には、まずは身近な弁護士に相談しましょう。しかし、このような最悪の事態に陥った場合に、売掛金を全額回収できる可能性は極めて低いと考えられるので、会計上は貸倒引当金の計上を検討することも必要になります。

売掛金が滞留した場合の流れ（例）

財務部が入金情報を営業部に渡す。

入金があったものについて、営業部が売掛金の消込をする。

入金がないものについて、営業部が得意先に問い合わせや督促をする。

年に2回年齢調査表を作成し、期日を過ぎているのに未入金のものについて、共有し、今後の対策を検討する。

売掛金年齢調査表

作成日：20X4/11/15

コード	得意先名	締め払い	売掛金残高	11月売上	10月売上	9月以前売上
00001	平成モール㈱	月末締め翌月末払い	400,000	150,000	250,000	0
00002	㈱ハッピー	月末締め翌月末払い	500,000	100,000	200,000	200,000

㈱ハッピーの9月以前売上部分は、期日が過ぎている。

滞留期間が長いものについては、担保提供や分割返済等の話し合いをもつとともに、与信枠変更の検討をする。

相手先と連絡がとれない、法的整理等の事態になった場合は、弁護士に相談をする。

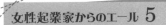

女性起業家からのエール 5

小さな発見から、経営と成長を。

イヴレス株式会社　代表取締役社長　CEO
イヴレスホスピタリティ合同会社 代表社員　CEO　山川景子

　私がCEOを務めるイヴレスはサステナブル・ラグジュアリーを中核に「これからの上質」をつくっていく企業であり、そのフィールドは、ホテルなど宿泊施設です。美しく華やかに見えて、実は保守的なBtoBの商流にいます。セグメントを①客室備品・消耗品、②ホテル開業支援、③ホテル運営受託と3つに分けていますが、すべて同じフィールドなのです。旅が好き、ホテルが好き、インテリアが好き、自分の好きだけで始めた事業ですが、私たちの時代は、女性の起業家など見向きもされず、特に資金面では苦労しました。そんな当社が長年経営できた要因の1つが、昨今、浸透するサステナブルとサブスクリプションです。初のヒット商品は、エコをカタチにしたアメニティポーチでした。「勿体ない」と小さな発見から商品開発がスタートしました。

　しかし、生産において最も大切なのは最初に支払うお金。お金＝信用力が無ければ仕入れができないのです。当時、日本国内でさまざまな工場を巡りましたが、取引に至らず、結局香港の友人に助けてもらうことになりました。中国貿易の始まりはそんな単純な理由で始動しました。品質と納期では随分と苦労しましたが、年月を重ねて仕事を生成しながら、お客様に安心して商品をお届けできるようになりました。

　「『美しいしつらえ』といえば、イヴレスさんですよね。」そう言ってもらえる日を目指して、仕事をしてきましたが、上場準備をしているなかでそれだけではだめだということも痛感し、管理業務の大切さを知りました。なかでも資産の管理は公私混同も含めて是正すべき点が多々ありました。これから起業される方、会社経営中でおられる方も、次のステップを考えたとき、管理業務を全うしていることが資金調達や新たな挑戦も含めて自社の助けとなるでしょう。

☺ **山川景子**　大阪府出身。在阪出版社を経てフリーライターに。1990年編集プロダクションとして創業。98年事業内容を変更し、現在のイヴレス株式会社に。2014年「大阪市女性活躍リーディングカンパニー」認定。2016年ヒノキリボンで「グッドデザイン賞・アワード」受賞を機に多数のデザイン賞を受賞。2018年東京都港区に本社移転、100％子会社イヴレスホスピタリティ合同会社を設立。2021年TOKYO PRO Marketに上場。EY Winning Women 2021ファイナリスト。著書『イヴレスの仕事　名前の無いカタチ、肩書のないデザイン』『しつらえの美学』など。2000年結婚、男児2人の母親でもある。

第6章 業績を説明できますか?

キラキラ社の事業拡大に必要な資金借入れのために、みなみ社長自身が銀行にキラキラ社の決算書を説明することになりました。初体験のみなみ社長はドキドキです。

6-1 決算書の見方を知ろう

みなみ社長は、銀行に説明するために決算書の勉強中。決算書に慣れ親しんでいないみなみ社長に、岩井先生がやさしくレクチャーしてくれました。

会社の成績表

決算書とは、一言でいうならば**会社の成績表**です。会社の儲け具合（業績）を示す**損益計算書**と会社の資産や負債の状況を示す**貸借対照表**があります。

このほか会社の純資産の変動要因を表す書類として、**株主資本等変動計算書**があり、この３つが会社が作らなければならない決算書です。

決算書はなぜ作る必要があるの？

決算書は社内で共有して、これからの戦略を練るための判断材料として活用されます。また、**税務申告**や**決算公告**のために必要です。さらには、銀行、取引先、投資家（ベンチャー・キャピタルなど）も決算書を判断材料とします。経営者は決算書を自分で作成できる必要はありませんが、決算書の構造と見方はわかっていなければなりません。

決算書は最低2期（当期と前期）分を比較して見る

前期との増減比較は、決算書分析の基本です。会社法の決算書は１期のみの記載ですので、別途、比較表の作成が必要です。変化が大きい科目の増減額にとどまらず、何が原因でどれだけ影響を受けたかを説明できると、良い分析になります。さらに増減額だけでなく、増減率や粗利率等の増減比較も入れると異常点を発見しやすくなります。

124

決算書の見方のポイント

決算書　当期　⇔　数字を比較することで、課題をつかめる　⇔　決算書　前期

【比較例】　　　　　　　　　　　　　　　　　　　（単位：千円）

項目	当期	前期	増減	増減率
売上①	40,000	30,000	10,000	33.3%
売上原価②	18,000	12,000	6,000	50.0%
売上総利益③	22,000	18,000	4,000	22.2%
粗利率（③/①）	55.0%	60.0%	－5.0%	

みなみ社長、当期の粗利率が前期より5％も下がっていますが、主な理由は何ですか？

生地を輸入しているため、円安の影響で売上原価が高くなってしまったのです。

前期と比べ平均して為替レートは10円円安になりました。前期と同ベースなら売上原価は100万円ぐらい抑えられたと試算されます。粗利率減少の約半分がこの影響です。

いいですね！理由だけでなく、影響額も具体的にいえると印象がいいですよ。

第6章　業績を説明できますか？

6-2 損益計算書とは？

損益計算書とは

損益計算書は、1会計期間の経営活動の結果を表したものです。

経営活動の結果は、会社の**収益**と**費用**の差額を**利益**という形で表します。会社が1会計期間でどれだけ売上を上げて、どれだけ仕入れてどれだけ経費がかかり、その結果どれだけ儲けたかを示す表です。

段階利益とは

損益計算書は5段階に分けて会社の損益の状況を示します。これを**段階利益**といいます。

(1) 売上総利益＝売上高－売上原価

粗利益とも呼ばれる。

(2) 営業利益＝売上総利益－販売費及び一般管理費

事業でどれだけの利益を得たか示す。

(3) 経常利益＝営業利益＋営業外収益－営業外費用

経常的に獲得する利益を示す。

(4) 税引前当期純利益＝経常利益＋特別利益－特別損失

臨時に発生した損益を含めた会社全体としての利益を示す。

(5) 当期純利益＝税引前当期純利益－税金等

最終的な利益であり、配当の原資となる。

　銀行や投資家も損益計算書のこの5つの利益に着目して会社の**収益力**を判断しています。

損益計算書の構造

(単位:百万円)

科　目		金　額	意　味
売上高	①	40	販売の総額
売上原価	②	18	販売した商品やサービスの原価
(1)売上総利益	③	22	①-②
販売費及び一般管理費	④	16	販売や管理に要した経費
(2)営業利益	⑤	6	③-④
営業外収益	⑥	1	本業以外で得た収益。受取利息や受取配当金等
営業外費用	⑦	4	財務活動など、本業以外でかかる費用。支払利息等
(3)経常利益	⑧	3	⑤+⑥-⑦
特別利益	⑨	1	臨時に発生した利益
特別損失	⑩	2	臨時に発生した損失
(4)税引前当期純利益	⑪	2	⑧+⑨-⑩
法人税等	⑫	1	法人税や住民税等の合計額
(5)当期純利益	⑬	1	⑪-⑫

売上高については種類別、業態別、相手先別といった区分でおおまかな取引額をとらえておくとよいですよ。

キラキラ社であれば、ネット販売と店舗販売と卸販売に分けたり、洋服の種類別などを把握しておくといいのね。

6-3 貸借対照表とは？

貸借対照表

貸借対照表は会社の資産や負債の状況を示した表で、**資産・負債・純資産**の3つに区分されています。資産は会社が利益を生み出すためのものであり、調達した資金をどのように利用しているかを示します。負債は第三者に金銭の支払いをする必要があるもの等です。そして、純資産は株主の出資金額と会社が生み出した利益を積み上げたものです。

貸借対照表の区分

上記の3区分がさらに下記の項目に分けられ、勘定科目別に金額が記載されます。

(1) 資産…現金化されやすい順に上から並ぶ

　　流動資産：現金または原則として通常1年以内に現金化される資産

　　固定資産：長期間（1年超）にわたり保有される資産

　　繰延資産：本来は費用として計上すべきものだが、その支出の効果が
　　　　　　　将来にわたって長期間期待できるもの

(2) 負債……返済義務が早く到来する順に上から並ぶ

　　流動負債：1年以内に返済を要する負債

　　固定負債：1年を超えて返済を要する負債

(3) 資本……会社が自分で調達したもの

　　資本金：株主より払い込まれた資金

　　資本剰余金：株主より払い込まれた資金で資本金に組み入れなかったもの

　　利益剰余金：会社に留保されている利益

貸借対照表の構造

調達した資金をどのように利用しているかを表す項目

第三者への金銭支払いや役務提供等の義務を表す項目

(単位:百万円)

資産の部		負債の部	
流動資産	17	流動負債	6
現金及び預金	8	買掛金	3
売掛金	6	短期借入金	2
製品及び商品	3	未払法人税等	1
固定資産	6	固定負債	5
有形固定資産	4	長期借入金	5
建物及び構築物	3	負債合計	11
工具器具備品	1	純資産の部	
無形固定資産	1	資本金	8
ソフトウェア	1	資本剰余金	4
投資その他の資産	1	利益剰余金	1
投資有価証券	1		
繰延資産	1		
新株発行費	1	純資産合計	13
資産合計	24	負債・純資産合計	24

株主出資と積み上げた利益

資産を「調達した資金の利用方法」というのに対し、
負債や純資産を「資金の源泉」と考えることもできます。
源泉が第三者であるのが負債、株主の出資であるか、会社内部に溜めた利益が純資産なのです。

6-4 銀行の視点（不良資産はないか？）

資産とは

　資産は、大きく**貨幣性資産**と**費用性資産**に分かれます。**貨幣性資産**とは、現金預金のような貨幣そのもののほか、貸付金や売掛金等、将来、額面の金額が入ってくるものです。**費用性資産**とは、棚卸資産（商品・製品・原材料等）や有形固定資産（建物や機械等）のように、過去に支出したけれど、将来の収益に対応して費用とするために、資産として計上されているものです。

不良資産とは

　ところが資産として計上されているものの前提が崩れる場合があります。

科目	前提が崩れた状況
売掛金や貸付金	相手の業績が悪化し、額面の金額が入ってこない
商品や製品	販売できず、現金化できない
有形固定資産	事業のために使用しているが、将来の収益で帳簿価額を回収することができない

　こうした状態に陥ると、売掛金や貸付金の場合は**貸倒引当金**を計上する、棚卸資産や有形固定資産の場合は**帳簿価額を切り下げる**といった処理をすることが会計上のあるべき姿です。

　このような本来の価値が毀損した資産を**不良資産**といいます。不良資産は、銀行や投資家がもっとも嫌がるものの１つです。経営者としては、適切な会計処理が行われているかに留意するとともに、不良資産の有無について問われた場合に、どのような判断と会計処理をしているかを適切に回答できるようにしておかねばなりません。

130

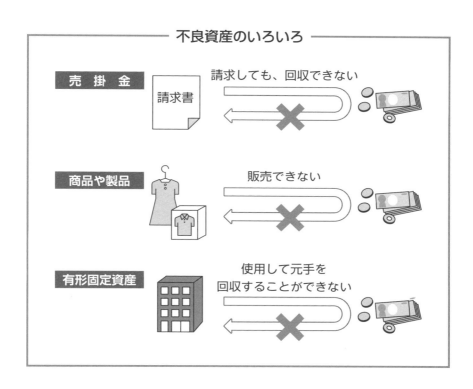

【 債務償還年数—借入金を何年で返せるか？ 】

債務償還年数も、銀行が気にすることの1つです。債務償還年数とは、現在の借入金をその会社の営業活動で得られたキャッシュ・フローで何年で返せるかということです。営業キャッシュ・フローは、簡便的に「営業利益＋減価償却費」と表すことができ、債務償還年数は、以下の式で求められます。

債務償還年数＝借入金÷（営業利益＋減価償却費）

この年数は短いほどよいとされており、一般的に10年以内であると財務体質が安定、10年を超えると、資金繰りが切迫傾向にあるとされています。

6-5 銀行の視点（債務超過ではないか？）

債務超過の状態とは

財務的に健全な会社では、資産総額が負債総額を上回っています〈図A〉。純資産＝資産－負債という関係にありますが、図Aの場合は、純資産が30（プラス）です。一方、資産と負債の大小関係が逆のものを債務超過といいます〈図B〉。この状態では、**純資産**が▲30（マイナス）となっています。

〈図A〉財務的に健全な会社の貸借対照表　　〈図B〉債務超過状態の会社の貸借対照表
　　　（資産＞負債の関係である）　　　　　　　　（資産＜負債の関係である）

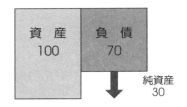 

純資産は**資本金**や**利益剰余金**（年々の損益の累計）等から構成されますが、大きな赤字や赤字の継続が原因でマイナスの状態になります。

関係者が債務超過を気にする理由は？

債務超過とは資産＜負債の状態ですので、仮に資産が全部帳簿価額で売れたとしても負債を完済できない状況です。これは**債権者**にとって由々しき事態ですね。

一方、**純資産はマイナス**となっています。この状況では**株主**は、自分のもっている株を売ることが難しく、また清算の場合も配当はもらえない状況です。

つまり、債権者にとっても株主にとっても、またこれから債権者や株主になろうという人にとっても、債務超過は望ましくない状態です。

債務超過の状態が債権者に与える影響

債務超過の状態が続き、事業継続を断念し、資産を処分して債権者に支払いをする場合

```
資　産        負　債
 70           100
```

	帳簿価額	現金化後
現預金	10	10
売掛金	30	30
商品	20	15
有形固定資産	10	5
計	70	60

	債権額	受取額
債権者A	60	36
債権者B	40	24
計	100	60

債権の回収ができたとしても、一部にとどまる！

債権者とは、仕入先や借入先等です。資産を帳簿価額で現金化することは難しく、その分、債務者への支払額も減少します。

【 隠れ債務超過に注意!! 】

形式的に債務超過になっていなくても、安心してよいとは限りません。

銀行では、融資希望者から提出された決算書を厳しくチェックします。たとえば不良資産が隠れていると判断すれば、含み損を損失として織り込みます。その結果、債務超過となれば、融資に応じてくれない可能性もあります。

6-6 財務分析をしてみよう（収益性）

　会社の経営状態を確認するには、当期と前期以前の決算書を比較・分析するのが基本ですが（**6-1**）、もう1つ**財務分析**という方法があります。**財務分析**とは、決算書から指標を計算しその会社の**収益性**や**安全性**などを同業他社等と比較し分析することをいいます。まずは収益力を分析する指標を紹介します。

売上高利益率

(1) 売上高総利益率（粗利率）＝売上総利益÷売上高

　商品やサービスの利益率を示す指標です。この比率が高いほど、付加価値の高い商品やサービスを販売していることになります。

(2) 売上高営業利益率＝営業利益÷売上高

　その会社の**本業の事業の収益力**を示す指標です。

(3) 売上高経常利益率＝経常利益÷売上高

　その会社の**本業に財務活動を含めた事業の収益力**を示す指標です。

総資産利益率（ROA（Return On Assets））＝ 利益 ÷ 総資産

　総資産利益率とは、**投下した総資産を使って利益をどれくらい得ることができたか**を示す指標です。総資産利益率が借入金の利率より高いと、総資産を有効に活用して利益を得ているという目安になります。

自己資本当期利益率（ROE（Return On Equity））＝当期純利益 ÷ 純資産

　自己資本当期利益率とは、**純資産によりどれだけの利益を獲得することができたか**を示す指標です。比率が10%以上であると優良企業であるといわれています。

134

―― 決算書の分析方法① ――

決算書を用いた経営分析は、大きく2つある

経営状態を**時系列**で推移分析

経営状態を**他社**と比較し分析

収益性分析の例

売上高利益率 = $\dfrac{利益\begin{pmatrix}売上総利益\\営業利益\\経常利益\end{pmatrix}}{売上高}$ → **売上が**どれくらい利益を生むか

総資産利益率 = $\dfrac{利益}{総資産}$ → **投下したすべての資産が**どれくらい利益を生むか

自己資本当期利益率 = $\dfrac{当期純利益}{純資産}$ → **株主から預った資金を**どれだけ効率的に使ったか

6-7 財務分析をしてみよう（安全性）

　財務分析には会社の収益性を判断する指標のほか、下記のような**財務体質の安全性**を判断する指標もあります。

流動比率 ＝ 流動資産 ÷ 流動負債

　流動比率とは会社の**短期的な（1年以内）支払能力**を示す指標です。比率が100％以上であれば、短期的な支払能力が支払義務を上回るということであり、財務体質は安全であるといえます。

固定比率 ＝ 固定資産 ÷ 純資産

　固定比率とは長期にわたり資金が固定される**固定資産が自己資本でどれくらいまかなわれているか**を示す指標です。固定資産への投資は、返済義務のない自己資本の範囲内であるのが安全であると考えられるので、その比率は100％を超えないのが理想です。

自己資本比率 ＝ 純資産 ÷ 総資産

　自己資本比率とは、会社の全資産を株主資本（純資産）によりどれだけまかなっているかを示す指標です。割合が高いほど財務体質が安定しているといえます。

財務分析の比較方法

　会社の財務分析を行う場合には、自社の決算書を決算期ごとに比較する方法と別に、**同業種の業種平均値**や**上場している同業他社の数値**と比較する方法があります。同業種の業種平均値は専門業者がまとめているデータを入手します。上場している同業他社の数値はその会社のWEBサイトや有価証券報告書から入手します。

決算書の分析方法②

安全性分析の例

流動比率 = $\dfrac{流動資産}{流動負債}$ → 短期的（1年以内）支払能力を示す

固定比率 = $\dfrac{固定資産}{純資産}$ → 固定資産への投資が株主資本でまかなわれた割合を示す

自己資本比率 = $\dfrac{純資産}{総資産}$ → すべての資産をどれだけ純資産によりまかなっているか

比較するデータはどこから入手するか？

同業種の業種平均	専門業者がまとめるデータベース
上場している同業他社	会社のWEBサイト、有価証券報告書

収益性のチェックの次は…

財務体質が安全かどうかチェックすることですね！

第6章 業績を説明できますか？

6-8 予算と実績を比べる

予実分析の大切さ

　月次予算の作成については**2-12**で触れていますが、予算の本当の価値は作ることそのものにあるのではなく、実績と比較し、**差異について分析**することにあります。売上や利益が予算を達成していないのはどうしてなのか、あるいは費用が予算を超えているのはなぜなのか、その原因を分析し異常を把握することで、今後の施策に反映させることができます。

予実分析の進め方

　キラキラ社では年に１回予算と実績の比較をしていますが、月次レベルでは予算と実績の比較検討をしていません。しかしそれでは、異常に気づいたときには手遅れ・・・ということもありえそうです。

　特に事業を拡大する局面や、戦略を実行する局面では、**月次予算**を作成し、**随時**、実績と比較することが望ましいといえます。予算と実績との乖離を月次レベルで分析することで、より早い段階で次の手を打つことができます。

　たとえば、コストダウンを進めていくときに、コストダウンの方法を検討せず予算だけを決定しても、達成できない場合が多いと考えられます。月次予算で未達が続いたときには、どうすればコストダウンが達成できるのか、社内で具体的な方法についてディスカッションすることで、実行可能性が上がります。

　なお、当初予定していなかった事象が発生したようなケースでは、**予算の修正**を検討することも必要です。

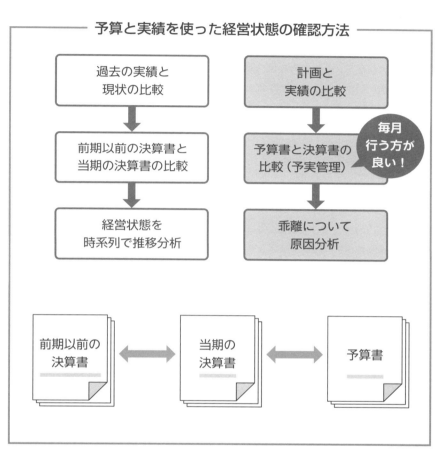

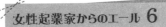

数字が苦手な私にも出来た！ 想いで掴んだ会社の未来

株式会社アイフリークモバイル　代表取締役会長　上原彩美

　19歳で起業した頃、私が持っていたのは熱い情熱だけでした。
　未熟者の私は元々数学が苦手で、数字を見るのも嫌いでした。
　そんな私が初めて銀行から融資を受ける時、最も役に立ったのは、自社の財務状況を正確に説明することでした。特に、流動比率という指標は、私の会社の健全性を銀行に伝える事に、とても役立ちました。
　流動比率とは、すごく簡単に言うと、会社のお財布の中身がどれくらいあるかを示すものです。この数字が高いほど、銀行は安心して応援してくれます。当時、私の会社は急速に成長していて、資金繰りが厳しくなっていました。それでも、試算表を見れば、私の会社がしっかりとした体力を持っていることがわかりました。
　「この数字が示すように今の状況は一時的なもので、私の会社はこれからも成長し続けていくことができます！この資金を活用して、もっと大きな夢を実現させたいんです！」
　銀行の担当者は私の言葉と試算表を丁寧に確認し、毎月の経営状況を細かくチェックしている点と、事業に対する強い想いを評価してくれました。その結果、無事に融資を受けることができました。今でも当時の担当者にはとても感謝しています。
　この経験から、私は「数字の力」がいかに大切かを実感しました。数字はただの結果ではなく、あなたの会社の物語を語る言葉です。数学が得意でなくても、目の前の数字をしっかり理解することで、銀行だけでなく、投資家や取引先からも信頼を得ることができます。
　まだまだ私も勉強中です。一緒に数字を味方につけて、夢に向かって確実に進んでいきましょう！

☺ 上原彩美　～夢はサンタクロース～　大学在学中にキャラクターや企業の販促物のデザイン会社として起業。2012年、30名規模のシステム会社を吸収合併し、3年で400名規模のシステム会社に成長させる。2016年、東証スタンダード上場企業であるアイフリークモバイルの代表取締役社長に就任。昨年より同社代表取締役会長。2019年ITの力で子供たちを支援するIT Cross財団の代表理事に就任。現在は原宿のハラカドで、未来を担う子どもたちに、IT絵本の読み聞かせやAIプログラミングを教える活動も行う。EY Winning Women 2015ファイナリスト。

第7章 業績を数字にする！

売上や売上原価や各種経費・・・これらの数字を経理部が
どうやって把握しているか考えたことはありますか？
業績を数字にするために経理部は会社のさまざまな証拠資料を
集めています。

❶

❷

❸

❹

7-1 会計処理を行うには証拠が必要

数字の根拠がないと会計処理はできない

　貸借対照表や損益計算書は、会社の活動をお金の単位に表して作成されます。これらの情報の信頼性を高めるためには、会社の活動の証拠となるものを基に作成する必要があります。会社が取引をした際に、取引の証拠となる資料を会社が作成したり、取引先から入手したりしますが、これを**証ひょう**と呼びます。会社では、こうした証ひょうを保管するほか、売掛金管理台帳や在庫台帳といった**記録簿**をつけます。これらも取引の証拠資料となります。

証拠資料を基に会社の活動をどのように説明するか？

　では証拠資料を基に会社の活動をどのように説明するのでしょうか？
　たとえば、春夏用の洋服の広告宣伝活動の一環として、3月の雑誌にキラキラ社の新商品を掲載したとします。この場合、掲載された雑誌が広告宣伝用に雑誌に商品を掲載してもらった証拠となります。ただし、貸借対照表や損益計算書を作成するには、会社の活動をお金の単位で表す必要があり、広告会社からの**請求書**を証拠資料として会計処理を行います。**請求書**の「3月雑誌掲載料　XX円」といった記載を手掛かりに経理部は費用として計上します。

証拠は経営のかじ取りのためにも必要

　利益がなぜ増えたのか、あるいは減ったのかを説明するためには、取引の裏付けとなる証拠資料まで戻らないと把握できないこともあります。このために証拠資料はきちんと保管しておくことが必要となります。

142

証ひょうや帳簿等の保存期間・保存方法は？

決算書そのものや、その基となった証ひょう類、帳簿類、重要な会議の議事録については、法律で保存期間が決められている。

保存期間	書類	根拠となる法律
10年	株主総会議事録	会社法318条
	取締役会議事録	会社法371条
	計算書類及び付属明細書	会社法435条
	会計帳簿及び事業に関する重要書類（総勘定元帳、売上帳、仕入帳、売掛金元帳、買掛金元帳、固定資産台帳等）	会社法432条 法人税法施行規則[*1] 59・67条
7年	取引の証憑書類（請求書、注文受書、契約書、見積書、領収書、振込通知書等）	法人税法施行規則 59条、67条
永久	定款、株主名簿、登記書類、税務申告書、社規・社則等	*2

*1：法人税法上の保存期間は7年。
*2：法律等による保存期間が定められていないが、文書の性質上、永久保存が必要と考えられる。

岩井先生より一言 ・・・・・・・・・・・・・・・・・・・・・・

電子帳簿保存法のもと、パソコンで作成した決算関係書類・帳簿や、スマホやスキャナで読み取った証ひょうは、紙の書類の代わりに電子データを保存することができます。なお、証ひょうに相当する電子データをやりとりした場合には、その電子データを保存する必要があるので注意しましょう。

7-2 売上の証拠を知る

売上取引の流れを見てみよう

　売上取引の会計処理において、どのような証拠が必要になるのかを理解するために、まずは取引の流れを見てみましょう。右図は、注文を受けて商品を納品する場合の一般的な取引の流れです。

　得意先から見積りを依頼されたら、営業担当者は**見積書**を作成すると同時に、商品の在庫があるか確認します。その後、**注文書**を受け取り、商品の在庫数と納期を再確認し、**注文請書**を送ります。納期になったら、倉庫から出庫の手続をしたうえで、**納品書**と一緒に商品を送ります。締日がきたら、その月の納品分をまとめて、**請求書**を送ります。

売上の証拠は販売元が作る

　売上の証拠には共通している点があります。それは、**販売元が作る場合が多い**という点です。証拠資料のうち、納品書、請求書はそれぞれ、販売元で2部作り、1部を得意先に渡し、残り1部を控えとして販売元で保管します。

　売上は、得意先に商品を引き渡したタイミングで計上するのが通常であるため、売上計上の根拠となる証拠資料は、一般的には**納品書控え**です（ビジネスによっては、**出荷報告書**や**物品受領書**が該当するケースもあります）。**納品書控え**は、注文を受けたものを確かに得意先に納品したことを示す証拠書類です。売上の伝票は、**納品書控え**の内容と金額にしたがって、納品の日付の取引として起票します。売上代金が後日まとめて入金される場合には、お金を受け取る権利として、このタイミングで売掛金を計上します。

144

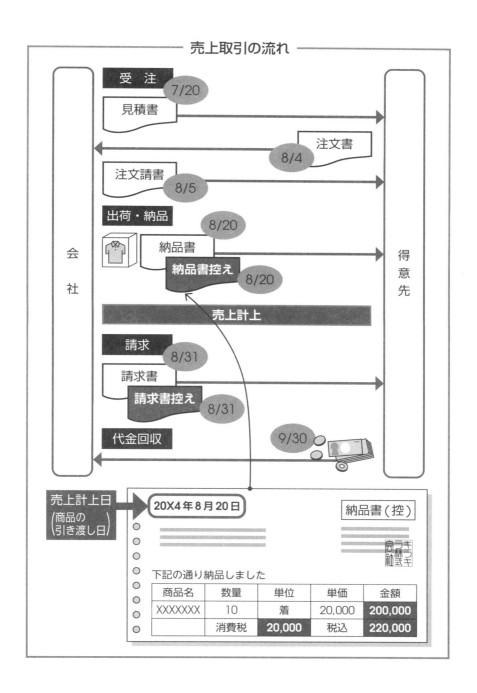

145
第7章 業績を数字にする！

7-3 売上原価のしくみ

売上原価の計算の仕方を知っておこう

　売上原価は、売上高に直接紐づく費用です。商品の仕入代が典型例です。この売上原価は、次のように計算します。

　当月に、洋服を50着仕入れ、お客様に40着を販売した場合、まず仕入50着分を計上します。しかしこれがすべて費用になるのではなく、販売した分だけが**売上原価（費用）**となります。つまり、40着分を売上原価として計上し、売れ残った10着分は**在庫（棚卸資産）**として処理します。なお、仕入代金を後日まとめて支払う場合には、お金を支払う義務として、仕入のタイミングで買掛金を計上します。

仕入の際にかかった経費はどう扱ったらよいか？

　仕入の際には、運送料がかかりますし、輸入の場合には関税などの経費が発生します。仕入に直接かかったこれらの経費（**付随費用**）も売上原価として扱いますが、**付随費用**も商品と同様に、販売した部分に相当する額は**売上原価**に、売れ残った部分に相当する額は**在庫**として処理します。

期末には棚卸を！

　在庫を記録する帳簿では、在庫が10着分あることになっていても、本当に10着あるかどうかはわかりません。在庫は財産です。少なくとも期末には、現場まで現物を確かめに行って、実際の数量と帳簿上の数量が一致しているかどうかを確認しましょう（**5-4**参照）。

売上原価の計算の際の留意点

(1) 商品代に係る売上原価は?

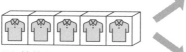

50着仕入
@1万円×50着＝50万円

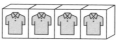

40着販売
@1万円×40着＝40万円 　**売上原価**

10着売れ残る
@1万円×10着＝10万円 　**期末在庫**

(2) 付随費用に係る売上原価は?

50着仕入に伴う運送料
計5千円

40着販売に相当する額
$$5千円 × \frac{40着}{50着} = 4千円$$ 　**売上原価**

10着売れ残りに相当する額
$$5千円 × \frac{10着}{50着} = 1千円$$ 　**期末在庫**

実地棚卸のイメージ

現物の数量

照合

在庫台帳

日々の入出庫より
計算される数量

7-4 経費の証拠はさまざま

経費の証拠は相手からもらうことが多い

　経費の証拠は、**納品書や請求書**、**領収書**などさまざまですが、ものを売ったりサービスを提供する会社側が作成することが多いです。ものを買う場合には、**納品書**が確かにものを受け取った証拠になります。サービスを受けた場合には、**請求書**などが証拠となります。

　大事なことは、納品書あるいは請求書といった証拠を基に取引があったことを確認し、その取引の**発生時点**を把握することです。

活動が行われた日に着目する

　経費の証拠はさまざまですが、会社が**活動を行った（ものを買った、サービスを受けた等）**ときを発生時として会計処理をするということは共通しています。証拠資料には、複数の日付情報が入っている場合もありますが、**活動が行われた日**を見定めることが必要です。

　たとえばものを買った場合は**納品書の検収印の日付**が、サービスを受けた場合は**請求書に記載されている日付**が活動が行われた日、すなわち、取引が発生した時点になります。

レシートも証拠になるか？

　現金や振込で支払った場合には、相手先からもらう**領収書**または**振込領収書**が請求に基づき確実に支払ったという証拠となります。支払先、内容、時期などの項目が書かれていれば、レシートでも問題ありません。

各種証拠と活動が行われた日のとらえ方

ものを買った場合
一般的には検収をした日。
検収した際に日付入りの検収印を押すことにより、後日でも確認できるようにする。

サービスを受けた場合
請求書に記載された日。
補足資料としてサービスを受けた証拠のコピーを添えることもある。

旅費が生じた場合
交通機関や宿泊施設を利用した日。
近郊区間の交通費を除いて、証拠として領収書を添付する。

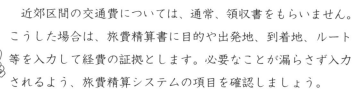

岩井先生より一言

近郊区間の交通費については、通常、領収書をもらいません。こうした場合は、旅費精算書に目的や出発地、到着地、ルート等を入力して経費の証拠とします。必要なことが漏らさず入力されるよう、旅費精算システムの項目を確認しましょう。

149

第7章 業績を数字にする！

7-5 長期で受けるサービスを把握する

継続的なサービスを受けるものとは

　キラキラ社は、今度、実店舗での事業展開を予定しています。この場合、店舗を借りるほか、警備サービスを依頼したり、火災保険に新たに加入したりするかもしれません。設備投資にまとまった資金が必要となり、金融機関からの借入れを行って利息を支払うことも考えられます。

　これらの内容に共通していることは、長期にわたって**毎月同じ枠組みでサービスを受ける**という点です。

契約書で把握する

　このようにサービスが長期にわたる場合、通常は**契約書**が取り交わされ、サービスを受ける期間と代金の支払時期が定められます。通常、毎月の支払額が一定である賃借料・警備料・火災保険料は、**契約書**から月額情報が入手できます。借入金の場合は、借入残高の減少や利率の変動により、月々の支払利息の額が変化しますが、この場合は、銀行から提供される**返済予定表**等の情報もあわせて支払利息の金額を把握します。

サービスを受ける時期と支払時期のズレに注意しよう

　家賃は前払いで支払うことが通常です。また保険料についても年1回まとめて支払うといった契約もあります。こうした場合、まだサービスを受けていない部分に相当する金額については、実際にサービスを受ける月に費用として計上するため、**前払費用**という勘定科目で処理します。

　支払利息については、前払いと後払いのいずれの場合もあるので、前払費用に相当するか、未払費用に相当するかは確認が必要です。

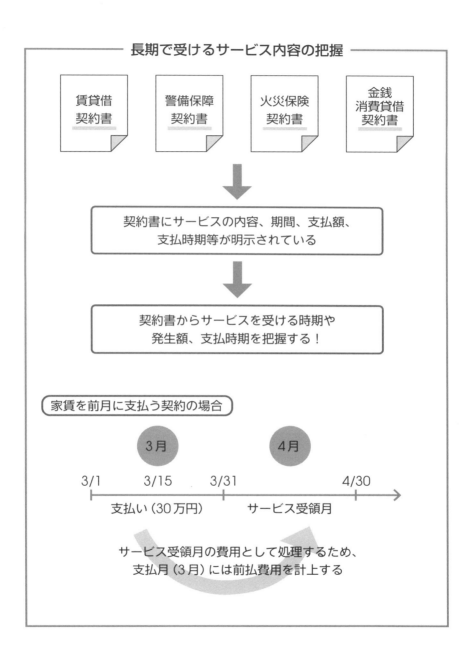

7-6 給与の情報を把握する

給与は「給与台帳」で把握しよう

　給与は、基本給や残業手当をはじめとする各種手当など、さまざまな内容で構成されています。また控除項目となる社会保険料の計算は、個人ごとに異なり煩雑で、変動することもしばしばです。ミスなく給与計算をするための管理簿として**給与台帳**を作成します。

　給与台帳の内容は、給与明細をイメージするとよいでしょう。専用のソフトも市販されていますが、表計算ソフトでも計算・管理は可能です。

　給与台帳で計算した結果を、従業員全員分につき集計したうえで、損益計算書の**給与**、**法定福利費**、**賞与**などの勘定科目に計上します。

給与計算期間と支払時期のズレに注意しよう

　給与の支給方法はさまざまですが、「当月分の給与を翌月25日に支給する」ケースを考えてみましょう。

　4月25日に支払われる給料は、3月の労働に対応する給料です。言いかえると、3月末時点で3月分の給料が発生しているとともに、会社は支払義務を負っているということになります。そこで損益計算書に3月分の**給与**を計上するのと同時に、貸借対照表に**未払費用**を計上します。

152

給与台帳から得られる情報例

給与台帳

No.	002
社員名	佐々木はるか

基本給	250,000
時間外手当	30,000
休日手当	10,000
通勤手当	10,000
総支給額	300,000
健康保険	15,000
介護保険	
厚生年金	24,000
雇用保険	1,500
源泉所得税	14,000
住民税	12,000
控除計	66,500
差引支給額	233,500

総支給額 → 本給と各種手当の合計。
総支給額が、給与として計上される

控除計 → 従業員が負担する社会保険等。
天引きし、会社がまとめて納付する。

差引支給額 → 実際に支払われる額

3月分の給与を4/25に支給する場合

3月　　　4月

3/1　　　　　　3/31　　　　4/25　4/30

労働提供月　　　　　　給与支払

労働提供月の費用として処理するために、
労働提供月（3月）に未払費用を計上する

7-7 固定資産の情報を把握する

固定資産は「固定資産台帳」で把握しよう

　事業を運営するにあたり、1年を超えて使用する財産のことを**固定資産**といいます。たとえば、オフィスのデスク、椅子、パソコン、社用車などで、無形のソフトウェア（会計ソフトなど）も固定資産に含まれます。

　固定資産は、**現物管理**に加え、**減価償却費の正確な計算**が必要になります。このため、**固定資産台帳**を作成し、場所・種類・取得価額・耐用年数・減価償却方法などを記載し、管理する必要があります。

減価償却の算定方法

　固定資産は、**減価償却**という方法によって費用を数年にわたって計上するとともに、費用と同額を取得価額から減額していきます。減価償却とは、時間の経過や使用による価値の減少に対応するように、固定資産の取得価額をその使用年数にわたって費用に配分する会計処理のことです。

　減価償却計算に必要な要素は、**減価償却方法**、**取得価額**、期首時点の**帳簿価額**、**耐用年数**、**その事業年度での使用期間**です。

　減価償却方法とは、費用の配分方法のことです。価値が均等に目減りするという考え方から、毎年同額を費用配分する**定額法**、取得当初に価値が多く目減りしやすいという考え方から、帳簿価額に一定の償却率をかけた額を費用配分する**定率法**などがあります。

　耐用年数とは、その資産をどのくらいの期間にわたって使用するかの見積年数です。耐用年数は、税法で**資産の種類**、**構造または用途**、**細目**別に定められています。耐用年数を会社独自に定めることもできますが、実務的には税法の耐用年数を使う会社が多くあります。

154

減価償却の計算例

専用ソフトを用いる場合、必要な要素 **A**〜**D** を入力すれば **①**〜**⑥** が自動入力され減価償却費は自動計算される。

減価償却計算

名称	本社1階エアコン	
種類	器具備品	
構造または用途	家具、電気機器、ガス機器、家庭用品	**A**
細目	冷房用・暖房用機器	
耐用年数	**①** 6年	**A**に対応する耐用年数
減価償却方法	**B** 定額法	
償却率	**②** 0.167	定額法、耐用年数6年の償却率
取得年月日	**C** 20X4年11月1日	
除却年月日		
取得価額	**D** 300,000円	
期首帳簿価額	**③** 0円	当期取得のため0円
本年度の償却期間	**④** 5か月	取得年月日より計算
本年度の償却費	**⑤** 20,875円	取得価額×償却率×5/12
期末帳簿価額	**⑥** 279,125円	取得価額−償却費

次年度以降の減価償却計算も
取得年度のデータを用います。
つまり取得年度のデータ入力を誤ると、
長年、減価償却計算に誤りが生じます。
何事もはじめが肝心ですね。

7-8 会社内部の意思決定で決まる費用とは

　これまで説明してきた取引は、会社外部との取引であり、経理部門にとって、証拠資料を入手しやすいものでした。しかし、そうではないケースがあります。それは、経営者の判断や意思決定によって費用が発生し金額が決まる等、会社の内部で完結するケースです。このようなケースでは、**議事録**や**稟議書**、**決裁書**といった、どのように意思決定をしたかがわかる社内作成資料が重要な根拠資料となります。

議事録などの社内資料が重要な根拠資料となるもの

(1) 役員報酬

　経営者の役員報酬をいくらにするかは、経営者自身が決定しますが、そのときの都合で適当に変えることは、法律（会社法、税法）上、認められていません。役員報酬額をどのように決めたかについて、その意思決定の過程と結果を、取締役会等の**議事録**に残すことが必要で、これが費用計上の根拠の１つになります。

(2) 経営者の意思決定によるもの

　期末日時点で支出がまだでも、原因が生じていたら、費用を計上しなければならないケースがあります。

　たとえば、ある店舗の撤退を取締役会で決めたとします。当初の予定では、あと５年間営業し、その利益で店舗資産のもとをとろうとしていたとしても、撤退の決議がなされれば、店舗への投資額の回収はかなわないものとなります。この場合、店舗の資産金額を損失として計上することとなります。

　こうしたものは、取締役会等の**議事録**を見てはじめて計上できるものです。適宜に議事録を作り、経理部門に知らせることが必要です。

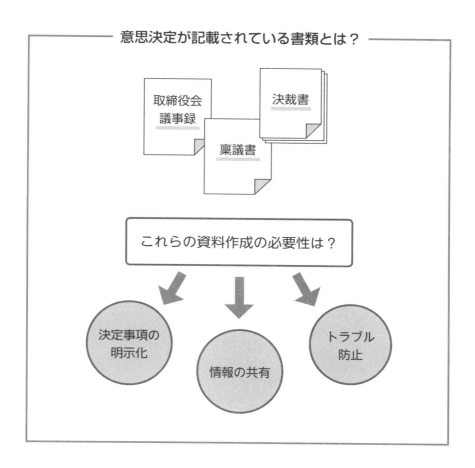

意思決定は、取締役会のような会議体で決まるとは限らないな。稟議書や決裁書といった書面の場合もあるから、これらの整備も必要だ！

女性起業家からのエール 7

ビジネスモデルが違っても、1円の重みは同じ

株式会社ロスゼロ　代表取締役　文　美月

　2001年、自宅でEC事業を始めました。事業経験、商材、IT知識、人脈ゼロでのスタート。「粗利益って何？」という、心もとないありさまでした。素人感覚で「お金がないから家で働こう」「売上が上がるまではコピー機も買わないぞ」と単純に考えていたのですが、今思うと、スモールビジネスなら「費用を先行させない」感覚はそう間違っていなかったと思います。

　徐々に利益が出た分を会社に投資し、気づけば億単位の判断ができるように。当然ながら、とんでもない量の実践と勉強が必要でしたが、必死で取り組むうちに財務感覚が付き、事業を継続できました。

　2018年、2社目に起業したスタートアップはパターンが違います。多くのスタートアップは、とにかく費用を抑えるだけでは成長スピードが遅れるため、出資等を受けて早期に資金を調達し、先行投資で事業を拡大させる形をとります。この場合は社長が「財務の素人ですがこれから学びます」と悠長なことをいっているとすぐに資金が溶けてしまいますから、最初から財務に強い人がいる体制で臨むべきでしょう。

　最近は金融系のクラウドサービスなど、簡単に資金繰りや月次での財務状況を把握する手段が充実していますから、経営者自身も常に感覚を磨いていけると思います。

　23年前、初注文は3,980円でした。金額は小さいですがあの時の感動は今も忘れられません。財務諸表は単なる数字の羅列ではなく、1円の重みをもつ、生きたお金を表しています。ビジネスモデルに関係なく、社会に価値を提供し続ける企業であるためにも経営者が財務を知ることは大切といえるでしょう。

◎ 文　美月　同志社大学卒業後、日本生命で融資に携わる。留学・結婚・出産を経て2001年、自宅のPC1台で起業。日本最大級のヘアアクセサリーECサイトに育てる。2010年よりヘアアクセサリーのリユースを行い、途上国の職業支援につなぐスキームを作る。2018年からは、もったいない食べ物を活かして資源を循環させる社会の実現を目指し、2018年より食品ロス削減事業「ロスゼロ」を展開。ロス予備軍を活かすサブスクリプションサービスや、未利用の原材料を使ったアップサイクル、CO_2削減量の可視化、法人の福利厚生導入を推進。大企業や自治体とのアライアンス多数。SDGs・食品ロスに関するコンテンツは1,000本超。EY Winning Women 2023 ファイナリスト。

第8章 税金を知る！

税金は難しくて、税理士さんにお任せしていますという会社も多いと思いますが、最低限のしくみは、経営者として知っておきましょう。

8-1 税金の種類を知る

税金と聞くと頭が痛くなる経理担当の太郎くんですが、税金の納付書をまとめながら、あらためてその種類について勉強し始めました。

税金の種類

税金には**個人が支払うもの**、**法人が支払うもの**、その**両方が支払うもの**があります。また、一定期間に得た所得に対して税金がかけられるものと、一定の物を取得した際にその取得した金額に応じてかけられるものとがあります。

一つひとつの税金の計算方法を覚える必要はありませんが、おおまかな税率、税金の支払期日は、把握しておいた方がよいでしょう。

法人にとってその計算の複雑さや金額の大きさから考えて重要となるのは**法人税**と**消費税**です。

青色申告法人とは

複式簿記により帳簿を作成し、帳簿や、請求書・契約書・領収書等の証ひょうを一定期間保存すること等を条件に、法人税法上の特典（右下欄参照）を受けられる制度があります。申告書用紙の色よりこれを**青色申告**といい、そうでない申告（**白色申告**）と区別します。

青色申告をするには、その決算期の開始の日の前日までに税務署に届け出なくてはなりません。会社を設立した場合には原則として設立の日以後3か月以内に届けることが必要です。

160

税金の種類

税金	内容	納付先
所得税	個人が1年間の所得金額を基準に支払う税金	国
法人税	法人が所得金額を基準に支払う税金	国
相続税	死亡した人から財産を相続等したときに相続等した人が支払う税金	国
贈与税	個人から財産をもらったときにもらった人が支払う税金	国
消費税	商品の販売やサービスの提供などの取引に対してかかる税金	国
都道府県民税	法人・個人が所得金額を基準に支払う税金	都道府県
市区町村民税	法人・個人が所得金額を基準に支払う税金	市区町村
事業税	事業を営む法人・個人が所得を基準に支払う税金（資本金1億円を超える法人には外形標準課税あり）	都道府県
不動産取得税	土地や建物を取得したときに支払う税金	都道府県
固定資産税	土地、家屋・機械などを所有する法人・個人が支払う税金	市区町村
自動車税	自動車を所有する法人・個人が支払う税金	都道府県
軽自動車税	軽自動車を所有する法人・個人が支払う税金	市区町村
酒税	アルコールの代金に含まれている税金	国
その他	印紙税、登録免許税、国たばこ税、自動車重量税など	国
	地方消費税、自動車取得税、道府県たばこ税など	都道府県
	国民健康保険税、事業所税、入湯税、市町村たばこ税、都市計画税など	市区町村

青色申告の主なメリット

① 少額減価償却資産の即時償却
② 特別償却または割増償却、特別償却不足額の繰越、準備金方式による特別償却
③ 中小企業者等が機械等を取得した場合の法人税額の特別控除
④ 中小企業者等が特定経営力向上設備等を取得した場合の法人税額の特別控除
⑤ 雇用者の給与等の支給額が増加した場合の法人税額の特別控除
⑥ 各種準備金の積立金の損金算入
⑦ 青色申告事業年度に生じた欠損金の翌期以降10年間の繰越
⑧ 欠損金の繰戻しによる法人税額の還付
⑨ 帳簿書類の調査に基づく更正
⑩ 更正通知書への更正の理由付記
⑪ 推計による更正または決定の禁止

8-2 法人税のしくみ

　決算作業のヤマを越え、一安心の太郎くん。とはいえ、次に法人税の計算をしなければなりません。決算書の資料を見ながら岩井先生から指南を受けました。

法人税のしくみ

　法人税は所得金額に税率をかけて支払う税額を計算します。

　この**所得金額**とは、**益金**から**損金**を差し引いたものです。**益金**とは法人税法上の**収益**、**損金**とは法人税法上の**費用**のようなものですが、会計上の**収益**、**費用**と少しだけズレがあります。

　所得金額を求める方法としては、益金や損金を直接集計するという方法も理論的にはありえますが効率的でありません。益金と収益、損金と費用のズレは小さいので、利益をベースにしてズレの部分だけ調整すれば、間接的に所得金額が求められます。これを**申告調整**といいます。

申告調整のしくみ

　法人税法上の所得金額を計算するには、**税引前当期純利益**をベースにして、収益と益金のズレ、損金と費用のズレを加減算しなければなりません。このズレを計算するために、別表と呼ばれるたくさんの書類を作成します。

　確定申告書上で所得金額を総括した表を**別表四**といいます。**別表四**では、会計上の利益から加算する項目と減算する項目を記載し、所得金額を計算します。その記載する項目のことを**申告調整項目**といいます。

　申告調整項目には４つの項目がありますので、**8-3**で紹介します。

法人税のしくみ

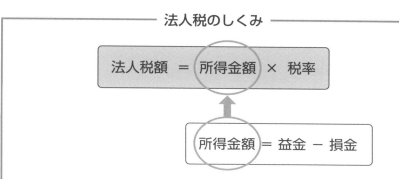

益金や損金は、日々の会計処理の際、把握していないので、あらためて1から集計するのは手間がかかる。そこで申告調整を行い、**利益から間接的に所得金額を算出**する。

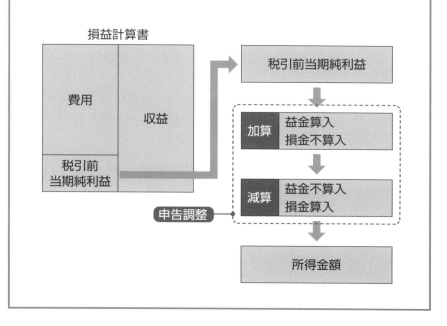

8-3 申告調整項目とは？

申告調整項目

申告調整は大きく分けて下記の4つがあります。

(1) 益金不算入項目

決算書上収益に計上された項目でも、税法上**益金として認められない**項目です。収益から差し引くため、利益から減算するものです。

【例】

- 配当金は益金に入れない
- 税金の還付金は益金に入れない

(2) 益金算入項目

決算書上収益に計上されていない項目で、税法上**益金となる**項目です。収益に追加するため、利益に加算するものです。

【例】

- 一定の積立金の取り崩しは益金に入れる

(3) 損金不算入項目

決算書上費用に計上された項目でも、税法上**損金として認められない**項目です。費用から差し引くため、利益に加算するものです。

【例】

- 役員報酬・賞与の過大分は損金に算入しない
- 限度額を超える一定の交際費は損金に算入しない
- 過大な減価償却費は損金に算入しない

(4) 損金算入項目

決算書上費用に計上されていない項目で、税法上**損金となる**項目です。損金に追加するため、利益から減算するものです。

【例】

- 繰り越された欠損金は損金に算入する

―― 申告調整項目 ――

会計 利益 = (1) 収益 − (3) 費用

税務 所得 = 益金 (2) − 損金 (4)

= (収益 − (1) + (2)) − (費用 − (3) + (4))
= (収益 − 費用) − (1) + (2) + (3) − (4)
= 利益 − (1) + (2) + (3) − (4)

申告調整	(1)	益金不算入	減算
	(2)	益金算入	加算
	(3)	損金不算入	加算
	(4)	損金算入	減算

収入と益金は少し違う
費用と損金は少し違う
⬇
だから、申告調整が必要！

8-4 交際費の取扱いとは？

　キラキラ社が計上するさまざまな費用のなかには、法人税を申告する場合に注意すべき費用があります。

交際費の損金不算入

　交際費とは法人が得意先・仕入先などを接待するために支出した費用です。会計上は費用となりますが、法人税法上は原則として損金となりません。交際費には具体的には下記のようなものがあります。

- 得意先・仕入先を接待するための**飲食費**
- 会社の創立記念、社屋新築記念等の**宴会費**および**記念品代**
- 得意先・仕入先の**慶弔・禍福**のために支出する金品
- 製品または商品の卸売業者に対して**旅行・観劇等に招待する費用**

　ただし、専ら従業員の慰安のために行われる運動会・旅行等の費用や、カレンダー・手帳を配布する広告宣伝費や、会議の際の弁当代等の会議費については、交際費に含まれず法人税法上も**損金**となります。

　なお、2027年3月31日までに始まる事業年度については、時限立法として、交際費のうち、飲食費の50％は損金の額に算入することができます。また、1人当たり10,000円以下の飲食費は交際費に含まれず、全額が損金に算入されます（右図参照）。

交際費の損金不算入の中小企業者の優遇措置

　資本金が1億円以下の法人については、交際費は**800万円を限度として損金算入が認められています**（上記飲食費の50％の損金算入とは選択適用）。

　しかし、資本金が増資により1億円を超えた場合には、その期から適用できなくなりますので法人税の税額が増える可能性があります。

交際費等の損金不算入

〈飲食費以外の交際費〉

資本金の額が1億円超の法人

支出する交際費等の額 → 損金にならない

資本金の額が1億円以下の法人 ※大法人の100%子法人等を除く

① 支出する交際費等の額
② 損金算入限度額
　年間800万円と交際費（①）の小さい額
③ 損金不算入額
　①－② → 損金にならない

〈飲食費〉

1人当たり10,000円以下の飲食費	全額損金算入
上記以外の飲食費	50%損金算入
飲食費以外の交際費	全額損金不算入

（2024年12月現在）

8-5 役員給与・寄付金の取扱いとは？

役員給与

従業員に支払われる給与は全額損金となりますが、**役員へ支払われる給与**は制限があり下記の給与のみが損金となります。

(1) 定期同額給与

毎月定額で支払われる給与です。役員賞与や期の途中で増額された役員給与は原則として損金に算入されません。ただし、期首から３か月以内の株主総会等で支給額が変更された場合は、変更額の損金算入が認められます。

(2) 事前確定届出給与

事前に確定した給与額を一定期間内に支給するものです。確定した株主総会等から１か月以内に税務署に届け出る必要があります。

(3) 利益連動給与

一定の条件の下で支払われる利益に連動する給与です。その算定方法が利益に関する指標（有価証券報告書に開示）を基礎とすること等が必要ですので、上場企業等のみで採用できるものです。

寄付金の損金不算入

法人税法上、寄付金は一般的に考えられる募金などの寄付だけではなく会社が他社に対し行った**金銭・資産・経済的利益の贈与や無償のサービス提供**などの取引も対象となります。国・地方公共団体に対する寄付金は全額損金となりますが、特定公益増進法人等やその他一般の法人に向けて行われる寄付金は損金となる金額に**限度があります**。

限度額は多額ではないため、損金不算入額となる可能性がありますので、寄付金の金額には留意が必要です。

損金算入できる役員給与

① 定期同額給与

② 事前確定届出給与

③ 利益連動給与

キラキラ社で採用できるのは①か②か！

寄付金の損金不算入

指定寄付金に対する寄付金[*1] —— 全額損金算入

特定公益増進法人に対する寄付金[*2] —— 限度額まで損金算入 | 損金不算入

その他の寄付金[*3] —— 限度額まで損金算入 | 損金不算入

*1 指定寄付金等に対する寄付金
　　国または地方公共団体に対するもの。
　　共同募金会・日本赤十字社等に対する寄付で財務大臣の承認を受けたもの。
*2 特定公益増進法人に対する寄付金
　　社会福祉法人、公益社団法人・公益財団法人、独立行政法人等に対するもの
　　日本赤十字社に対する経常経費としてのもの。
*3 その他の寄付金
　　政党・宗教法人・町内会・その他一般法人に対するもの。

特定公益増進法人等の損金算入限度額
　{(期末資本金等の額 × 3.75/1,000)
　　+ 所得金額 × 6.25/100} × 1/2

その他の寄付金の損金算入限度額（原則）
　{(期末資本金等の額 × 2.5/1,000)
　　+ (所得金額 + 支出寄付金) × 2.5/100} × 1/4

8-6 資本金が1億円を超えると…

　キラキラ社はある投資家から5,000万円を出資してもらうことになりました。増資の金額によって法人税法上は何か影響があるのでしょうか?

資本金1億円以下の法人に対する法人税法の特例も

　法人税額の計算上、資本金1億円以下の会社についてはいくつかの優遇措置があります。1つは、**交際費等の損金算入限度額**の特例です(**8-4**参照)。

　他にも所得800万円以下の部分の税率が15%の**軽減税率の適用**があります。1億円を超えると800万円超部分と同様の23.2%となります。

　また、資本金1億円以下の中小企業者では30万円未満の減価償却資産については、取得した期に全額を損金に入れることができる優遇措置がありますが、資本金1億円を超えると要件から外れてしまいます。

　そのほか、中小企業者として試験研究費や教育訓練費を計上した場合や一定の機械等を取得した場合には法人税額から一定金額を控除できるという特例もありますが、これも資本金1億円を超えると中小企業者に該当しなくなり適用できなくなります。

その他の税法の特典

　法人事業税については、資本金1億円超の法人について**外形標準課税制度**の適用があり、「所得」「付加価値額」「資本金等の額」それぞれに一定割合を乗じた事業税を納めなければなりません。

　キラキラ社はまだ資本金は1億円以下ですので、いずれの特例も適用可能ですが、今後増資で1億円を超えることもあるでしょう。とはいえ、資金調達は事業拡大にはなくてはならないものなので、損をしたとは考えず、成長過程では必要なステップ(経費)と考えましょう。

法人税の軽減税率

期末資本金 1 億円以下

	法人税率
年 800 万円以下の所得	15%
年 800 万円超の所得	23.2%

期末資本金 1 億円超

	法人税率
年 800 万円以下の所得	23.2%
年 800 万円超の所得	

（2024年12月現在）

資本金 1 億円以下の会社に適用がある特例

① 特定同族会社の留保金課税の不適用
② 法人事業税の外形標準課税の不適用
③ 法人税の軽減税率
④ 交際費の損金不算入の際の優遇措置
⑤ 少額減価償却資産の損金算入
⑥ 中小企業者等の試験研究費の特別控除
⑦ 中小企業者等の教育訓練費の特別控除
⑧ 中小企業者等の機械等の特別控除

8-7 法人税の申告と納付は遅れずに

確定申告

　会社は**決算期の終了の日後2か月以内**に、確定申告書をその**会社の住所（納税地）にある税務署**に提出しなければなりません。キラキラ社は3月決算ですから、5月31日までには**確定申告書**を作成して、税務署に提出します。また、確定申告書に記載した納付税額を上記の申告期限までに国に支払います。

中間申告

　前期の法人税が20万円を超えると、当期は法人税の**中間申告**が必要となります。中間申告は事業年度開始後6か月を経過した日から2か月以内に行います。キラキラ社の場合は11月30日が申告期限です。中間申告の方法には、**前期の決算書に基づき申告する方法**と**仮に作成した決算書に基づいて申告する方法**があります。また、確定申告と同様に中間申告書に記載した納付税額を上記の申告期限までに国に支払います。

確定申告が遅れた場合にはペナルティー

　法人税の納付が遅れた場合には、ペナルティーとして**延滞税**と呼ばれる税金を追加で支払わなければなりません。延滞税は支払いが遅れた分の利子のようなもので、延滞期間を基に計算します（税額に対して最大年14.6％の一定の税率が課税）。また同時にペナルティーとして**加算税**も支払わなくてはいけません（税額に対して5％〜30％課税）。意図的に申告をしなかったり、仮装した申告を行った場合には、**重加算税**がさらに課されることになります。

　税金は正しく計算し、期限までにきちんと支払いましょう。

172

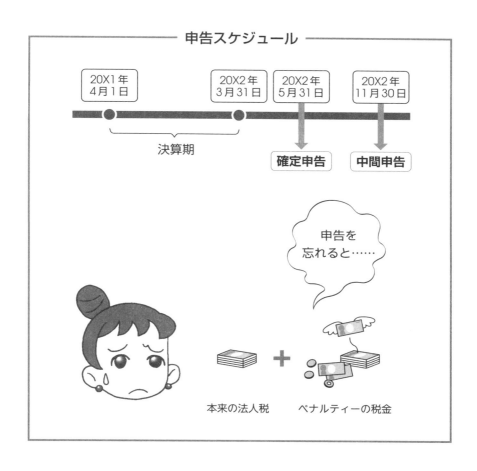

8-8 消費税のしくみ

消費税のしくみ

消費税は商品を販売するときやサービスを提供するときの**売上に対してかかる税金**です。その税金は**消費者**が支払います。事業者はその消費税を**預かり**、まとめて税務署に申告・**納付**します。

右図の例で考えてみましょう。キラキラ社がA社から材料を1,000円で仕入れた場合、その10%の消費税100円は、キラキラ社がA社に支払います。次にキラキラ社がその商品をBさんに3,000円で販売すると、その10%の消費税300円をBさんから受け取ります。しかしキラキラ社の消費税納付額は受け取った300円ではありません。うち100円はA社が納付しているので、これを差し引いた200円なのです。

つまり、Bさんが負担した300円の消費税をA社が100円、キラキラ社が200円ずつ納付するというしくみです。

あくまでも**消費税の負担者は消費者**なのです。売上分の消費税をお客様からしっかり受け取っていれば、税金の負担が増えるという問題はありません。

預かった消費税は、帳簿にきちんと記帳して消費税額を把握しておきましょう。

税率が8%に軽減されるものもある!

通常の消費税率は10%ですが、以下の販売については8%の軽減税率となります。

・飲食料品(酒類を除く)

外食やケータリング等は対象となりません。

・新聞(発行が週2回以上のもの)

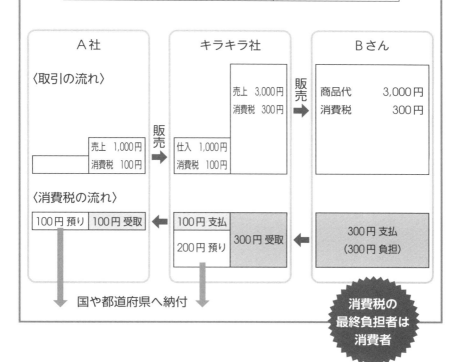

8-9 消費税の申告と納付も遅れずに

　消費税を納付しなければならない者（**納税義務者**）は**事業者**です。もちろん、キラキラ社も納税義務者となります。

確定申告

　消費税についても法人税同様、原則としてその**決算期の終了の日後2か月以内**に、確定申告書をその**会社の住所（納税地）にある税務署**に提出しなければなりません。ただし、消費税の還付を早く受けたい場合には特例として決算期を3か月ごとに区分し申告することも可能です。

　消費税は**売上に係る消費税**から**仕入に係る消費税**を差し引いて、金額がプラスのときはその金額を納付し、金額がマイナスのときにはその金額が還付されます。

中間申告が必要な場合もある

　前期に納付した消費税が一定額以上である場合には、その消費税額に応じて、右表に定められた回数の**中間申告**をし、前年実績を基に定められた税金を支払わなければなりません。

会計処理について

　会社の実務処理上でもう1つ大切なものは、**消費税の会計処理**です。この会計処理には、**税込経理処理**・**税抜経理処理**の2つがあります。

　仕訳の方法は右下欄の通りですが、小さい会社は仕訳の数の少ない**税込経理処理**を採用している会社が多いようです。一方で、交際費の損金不算入を考えると税抜経理処理の方が金額が少なくなるので有利となり、減価償却費の計上については税込経理処理の方が金額が多くなるので有利となります。

176

消費税の申告方法

確定申告

原 則	事業年度末から2か月以内
特 例	事業年度の3か月ごとに区分し、2か月以内

中間申告

前期の国税消費税額	中間納付額
48万円以下	中間申告不要
48万円超400万円以下	前期の消費税額×1/2×1回
400万円超4,800万円以下	前期の消費税額×1/4×3回
4,800万円超	前期の消費税額×1/12×11回

消費税の会計処理

(1) 税込経理処理
消費税を売上高・仕入高等に含めた金額で処理

（売　掛　金）	11,000円	（売　　　上）	11,000円
（通　信　費）	5,500円	（現　　　金）	5,500円

(2) 税抜経理処理
消費税を売上高・仕入高等に含めない金額で処理

（売　掛　金）	11,000円	（売　　　上）	10,000円
		（仮受消費税）	1,000円
（通　信　費）	5,000円	（現　　　金）	5,500円
（仮払消費税）	500円		

8-10 消費税の免税事業者とは？

キラキラ社は今年初めて消費税の確定申告を行います。なぜ、当期からなのでしょうか？

消費税を納付しなくてもよい場合もある（免税事業者）

原則、事業者は納税者となりますが、規模の小さい会社、売上の少ない会社は消費税の納税が**免除**になります。

具体的には、前々期の売上高が1,000万円以下であり、かつ、前期の前半6か月間の課税売上高と給与が1,000万円以下であれば、その期の消費税の納付は免除となります（売上高の計算は右図参照）。

キラキラ社は前々期に売上が1,000万円超になったので、当期から免税事業者にあたらず、消費税の確定申告がスタートします。

免税事業者から課税事業者になる期は、**消費税納税分の資金の確保**を忘れないように注意しましょう。

特別なケース—新規開業・会社設立の場合—

新規開業や**会社設立の1年目**は、基準期間がないので免税事業者となります。2年目は1年めの前半6か月の売上高と給与が1,000万円以下であれば、免税事業者となります。

なお免税事業者の場合でも、あえて課税事業者になることを選択することも可能です。設立時に多額の初期投資をしている場合には、課税事業者であれば固定資産購入に伴い支払った消費税が還付されます。その場合、**消費税課税事業者選択届出書**を設立時の決算期の末日（翌期以降に提出する場合は決算期の前日）までに税務署に提出する方が得をすることになります。

178

免税事業者の判定

前々期	前期	当期
基準期間*1	特定期間*2	課税期間

→ 売上高*3 と給与が1,000万円以下：A
→ 売上高*3 が1,000万円以下　　　：B

AもBも満たすと免税事業者

*1：当期の前々期
*2：当期の前期開始の日から6か月の期間
*3：売上高の計算
　　税抜金額により計算 ➡ 売上高（税込金額）の合計額 × 100/108

【例】

設立
(20X1年度) → 20X2年度
売上1,000万円
を超える → 2年後
(20X4年度)、
課税事業者に！

設立1年目は
免税!!

第8章 税金を知る！

8-11 消費税の計算方法

消費税は「**売上×消費税（10%）**」から「**仕入×消費税（10%）**」を差し引いて計算します。

「売上」「仕入」となる取引

消費税の計算上は会社が行う取引のすべてが「**売上**」「**仕入**」に入るわけではありません。国外での取引、株式の配当、銀行の利息、土地の譲渡などは売上・仕入から除かれます。

これらの取引は**課税対象外取引**・**非課税取引**と呼ばれます。**課税対象外取引**の金額は消費税に影響を及ぼしませんが、**非課税取引**の金額は消費税額を計算する際に必要な課税売上割合の算定に使用します。

「売上」「仕入」の範囲

具体的に「売上」「仕入」に含まれる取引は下記の通りです。決算書上で売上・仕入に含まれるものと法人税の計算上で益金・損金に含まれるものとでは少し範囲が異なりますので注意が必要です。

(1)「売上」に入るもの

- 棚卸資産の販売　●資産の貸付　●サービスの提供
- 固定資産の売却額（売却益ではない）

(2)「仕入」に入るもの

- 仕入額
- 固定資産購入額（毎期計上される減価償却費は含まれない）
- 広告宣伝費　●交際費　●旅費交通費　●通信費　●消耗品費　等

ただし、適格請求書を発行していない仕入については仕入税額控除として納付すべき税額から控除できません（**インボイス制度**）。

180

インボイス(適格請求書)制度

仕入税額控除の対象となる仕入は、適格請求書発行事業者*が発行した適格請求書に係る仕入のみです。
適格請求書発行事業者は免税事業者になれません。

＊:「適格請求書発行事業者の登録申請書」を税務署に提出しなくてはなりません。

課税対象とならない取引

課税対象外取引	非課税取引
国外において行う取引	土地の譲渡、貸付
資産の贈与(みなし譲渡を除く)	有価証券の譲渡
受取保険金	利子、保険料
株式配当	商品券・プリペイドカード等の譲渡
給与・賞与	国等の行政手数料
冠婚葬祭に伴う祝い金、香典 等	住宅の貸付 等

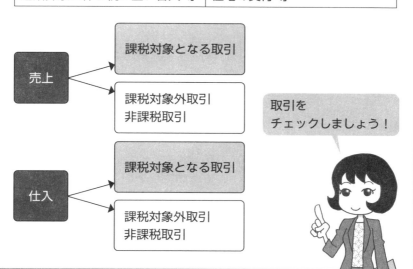

8-12 税務調査って何？

いつも冷静な太郎くんが慌ててみなみ社長のところにやってきました。
「税務署から調査が来ます!!!」

税務調査とは？

会社は毎期確定申告書を提出します。その申告書が正しいかどうか税
務署や国税局が確認に来ます。それを**税務調査**といいます。

税務調査は定期的に行われるといわれていますが、その時期は会社に
よって異なります。税務署は、会社を３つの区分に分けています。不正
が起こる可能性が高い**継続管理法人**、不審な点が多い**循環接触法人**、そ
れ以外の**周期対象除外法人**です。**周期対象除外法人**は事業規模に大きな
変化がある場合に申告書の内容の確認を行います。**循環接触法人**の税務
調査は通常４～６年周期といわれていますが、**継続管理法人**はそれよ
り短く、**周期対象除外法人**はそれより長くなります。

新設会社は３～５年目に税務調査が入るケースがよく見受けられます。

税務調査の内容

税務調査では主に下記のようなことが調べられます。

- 売上の計上が正確に行われているかどうか？
- 架空の人件費や経費が計上されていないかどうか？
- 交際費の取扱いが的確かどうか？

いずれにしろ、正しい処理をしている場合は慌てる必要はありません。

ただし、いつ税務調査が入っても大丈夫なように、常に帳簿・領収書
等の整理をしておく必要があります。

税務調査の連絡があれば**顧問税理士**等にすぐに連絡することが大切で
す。太郎くんは気持ちを静めて、岩井先生に電話をしました。

182

調査を受けやすいケース

- 前回の調査から3～5年経つ。
- 売上高が1,000万円を超えて、消費税の課税事業者になった。
- 多額の不動産の取得・譲渡を行った。
- 売上・所得が大きく変動した。
- 事業が所得隠しの多い注目業種とされた。

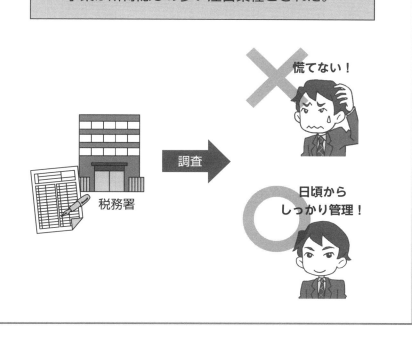

あとがき

公認会計士の仕事

　私達、公認会計士の主な仕事は、上場企業を中心とする企業の決算書類等に誤りや不正がないかをチェック（監査）することや、会計や管理に関してアドバイスを行うことです。日々の仕事のなかで多くの経営者にお会いしますが、ほとんどは男性で、女性経営者にお会いする機会は本当に稀です。公認会計士の約2割を占める、私達、女性会計士はこうした現状を残念に思ってきました。

女性経営者の応援を通じてより良い社会の構築を

　少子高齢化が進むなかで、日本経済が持続的に発展し、日本が国際的に貢献していくためには、グローバル市場へのビジネスの展開、新技術を利用した新規事業分野への進出等とともに、女性がビジネスにおいて力を発揮していくことが重要であると考えます。多くの商品やサービスの購入の意思決定を行っているのは女性であり、生活者としての視点や経験が豊かな女性によって、新たな需要や新たなサービスが作り出されています。

　私達は、女性経営者に対し、主に会計・税務・管理・法務等に関する情報の提供や、金融機関関係者（証券会社、投資銀行、ベンチャー・キャピタル等）、メディア等のネットワークを用いて応援することによって、日本の発展とより良い社会の構築に貢献したいと考えました。このために、2012年秋にWinning Women Network、現・Entrepreneurial Winning Women（EWW）を立ち上げて活動を続けています。

夢を大きな形に

　EWW は、女性が輝くためのネットワークであり、キャッチフレーズは "Think Big（夢を大きな形に）" です。女性経営者は身の回りのアイデアや困った経験からビジネスをスタートさせる人が多いといわれる中、最近では IT や AI を駆使して規模拡大に弾みをつけられる経営者や、ライフサイエンスやコアな技術に基づくビジネスを立ち上げる経営者も出てきており、多様性に富んでいます。いずれにしても、経営はチームで実現するものであり、イノベーションに触れた女性経営者に対し、私たちはブレインとネットワークを届けるチームの一員であり続けたいと思っています。私たち EWW は、志をもってスケールアップを目指される女性経営者を応援しています。

この本ができるまで

　この度、2014 年に出版しました『会社経営の教科書』を刷新して出版する運びとなりました。この間、時代の変遷とともに、EWW も活動内容を見直しながら、女性経営者に伴走する形で活動を継続してまいりました。毎年実施している女性経営者表彰制度を通じて、多数の将来有望な女性起業家と接点をもち、ネットワーキングとナレッジを提供してきています。コラムでは、そうした 7 名の女性起業家に執筆のご協力をいただき、スタートアップ経営者の生の声を読者の皆様に伝えることができました。大変ご多忙な中、快諾いただきました女性起業家に心から感謝の意を表します。この本が、スタートアップ経営者の皆様、これからビジネスを立ち上げようとしている皆様の参考になり、折に触れて読んでいただけるものになれば大変幸せに思います。

EY 新日本有限責任監査法人　パートナー

EY Entrepreneurial Winning Women　Japan Leader

関口依里

参考文献

稲盛和夫『実学・経営問答　人を生かす』2009 年、日本経済新聞出版社。

遠藤功『日経文庫　企業経営入門』2010 年、日本経済新聞出版社。

カーマイン・ガロ著、井口耕二訳『スティーブ・ジョブズ驚異のイノベーション』
　2011 年、日経 BP 社。

桑原晃弥『ジェフ・ベゾス　アマゾンを作った仕事術』2014 年、講談社。

EY 新日本有限責任監査法人編『IPO をやさしく解説！　上場準備ガイドブック
　（第 5 版）』2022 年、同文舘出版。

高村寿一『日経文庫　ベーシック経営入門』2012 年、日本経済新聞出版社。

冨山和彦・岸本光永編著『リーダーのための戦略思考』2012 年、日本経済新聞
　出版社。

P.F. ドラッカー著、上田惇生編訳『エッセンシャル版 マネジメント 基本と原則』
　2011 年、ダイヤモンド社。

M.E. ポーター著、竹内弘高訳『競争戦略論Ⅰ』1999 年、ダイヤモンド社。

堀越吉太郎『起業したい人への 16 の質問』2013 年、秀和システム。

三木雄信『孫正義名語録』2011 年、ソフトバンククリエイティブ。

安本隆春『伸びる会社をつくる起業の教科書』2013 年、ダイヤモンド社。

山田公一『やさしくわかる「お店の数字」』2013 年、日本実業出版社。

吉川直子『中小会社の人事・労務・人材活用』2013 年、大泉書店。

吉沢大『初めての独立・起業成功ガイド』2005 年、日本実業出版社。

早稲田大学ビジネススクール『ビジネスマンの基礎知識としての MBA 入門』
　2012 年、日経 BP 社。

EY 新日本有限責任監査法人 WEB サイト「アパレル業界　第 2 回：売上及
　び営業費用」（https://www.ey.com/ja_jp/technical/corporate-
　accounting/industries/consumer-products-retail/industries-
　consumer-products-retail-apparel-2022-02-14-02）

国税庁 WEB サイト「電子帳簿等保存制度特設サイト」（https://www.nta.
　go.jp/law/joho-zeikaishaku/sonota/jirei/tokusetsu/index.htm）

編者紹介

EY新日本有限責任監査法人について

EY新日本有限責任監査法人は、EYの日本におけるメンバーファームであり、監査および保証業務を中心に、アドバイザリーサービスなどを提供しています。
詳しくはey.com/ja_jp/people/ey-shinnihon-llc をご覧ください。

EY | Building a better working world

EYは、クライアント、EYのメンバー、社会、そして地球のために新たな価値を創出するとともに、資本市場における信頼を確立していくことで、より良い社会の構築を目指しています。

データ、AI、および先進テクノロジーの活用により、EYのチームはクライアントが確信を持って未来を形づくるための支援を行い、現在、そして未来における喫緊の課題への解決策を導き出します。

EYのチームの活動領域は、アシュアランス、コンサルティング、税務、ストラテジー、トランザクションの全領域にわたります。蓄積した業界の知見やグローバルに連携したさまざまな分野にわたるネットワーク、多様なエコシステムパートナーに支えられ、150以上の国と地域でサービスを提供しています。

All in to shape the future with confidence.

EYとは、アーンスト・アンド・ヤング・グローバル・リミテッドのグローバルネットワークであり、単体、もしくは複数のメンバーファームを指し、各メンバーファームは法的に独立した組織です。アーンスト・アンド・ヤング・グローバル・リミテッドは、英国の保証有限責任会社であり、顧客サービスは提供していません。EYによる個人情報の取得・利用の方法や、データ保護に関する法令により個人情報の主体が有する権利については、ey.com/privacy をご確認ください。EYのメンバーファームは、現地の法令により禁止されている場合、法務サービスを提供することはありません。EYについて詳しくは、ey.com をご覧ください。

本書は一般的な参考情報の提供のみを目的に作成されており、会計、税務およびその他の専門的なアドバイスを行うものではありません。EY新日本有限責任監査法人および他のEYメンバーファームは、皆様が本書を利用したことにより被ったいかなる損害についても、一切の責任を負いません。具体的なアドバイスが必要な場合は、個別に専門家にご相談ください。
ey.com/ja_jp

Entrepreneurial Winning Women (EWW)

EWW は、新日本有限責任監査法人が 2012 年秋に構築した「女性経営者と女性エグゼクティブのためのネットワーク」です。

ビジネスに関する情報提供やネットワーキングの場を提供するとともに、公認会計士、金融機関関係者(証券会社・ベンチャーキャピタル等)、メディア等の専門家がサポートします。

EWW の主な活動内容は以下の通りです。

■ EY Winning Women の表彰制度

毎年、イノベーションにあふれた女性経営者を表彰する「EY Winning Women」を実施しています。女性起業家とその事業の成長を応援することを目的としています。

当該表彰制度で選出された女性起業家の皆さまには、以下の機会を提供しております。

1. EY のアジアパシフィック地域の女性起業家が集まる EY Entrepreneurial Winning Women アジアパシフィックプログラム(開催地は毎年決定)
2. EY の海外ネットワークとつながる機会
3. メンタリングやアドバイス、有力起業家や大企業などとのネットワーキング・マッチングの機会

■ EWW アジアパシフィックプログラム

将来性のある女性起業家が事業規模をグローバルに拡大し、目指す分野でマーケットリーダーになることを支援するプログラムを提供しています。

■ 5 Hundred クラブ

EWW 会員のうち、売上規模 5 億円以上の企業の女性起業家を中心に勉強会や情報交換を開催しています。

■CEO ラウンドテーブル
　アルムナイ企画として、内外の著名なスピーカーを招聘し、少人数制でインタラクティブなラウンドテーブルを開催しています。

■個別メンタリング
　アワードファイナリストに対し、ビジネスのスケールアップにつなげられるようにビジネス課題の深掘りと整理のセッションや、テーマを絞った個別メンタリングを提供しています。

■情報発信
　定期的にニュースレターを発行し、タイムリーな情報を発信しています。また、毎月、『旬刊経理情報』へ企画協力をしており「女性リーダーからあなたへ」を連載しています。

詳細は、https://www.ey.com/ja_jp/entrepreneurial-winning-women-japan をご覧ください。

執筆者紹介
※五十音順

井澤依子（いざわ　よりこ）

EY新日本有限責任監査法人　第3事業部　パートナー　公認会計士

ソフトウェア業、製造業、IPO準備会社等の監査に従事するとともに、EYにおける様々なナレッジ発信業務（企業会計ナビ、セミナー企画・運営、書籍執筆等）に関与。共著として『監査役監査の基本がわかる本（第5版）』『会社法決算書の読み方・作り方（第18版）』『3つの視点で会社がわかる「有報」の読み方』『ソフトウェア会計実務Q＆A』など。

菊池玲子（きくち　れいこ）

EYソリューションズ株式会社　マネージャー　公認会計士

小売業や商社でアドバイザリー業務に従事。

共著に『図解でスッキリ会計シリーズ』『図解でざっくり会計シリーズ』（以上、中央経済社）など。

左近司涼子（さこんじ　りょうこ）

EY新日本有限責任監査法人　企業成長サポートセンター　シニアマネージャー　税理士

当法人に入所後、大手証券会社に駐在。資本政策の策定、事業承継対策プランの作成に従事。その後、IPOのトータル・アドバイザーとして業務を展開。共著として『IPOをやさしく解説！上場準備ガイドブック』『図解でスッキリ ストック・オプションの会計・税務入門』『図解でスッキリ暗号資産の会計とブロックチェーンのしくみ』『社会に期待されつづける経営』など。

佐藤百合子（さとう　ゆりこ）

EY Japan ジェネラル・カウンセル　弁護士

大手法律事務所勤務後、社内弁護士に転向し、ヘルスケアやプロフェッショナル・サービス・ファームのような規制業種の社内法務で経験を積む。

関口依里（せきぐち　えり）

EY 新日本有限責任監査法人　第 1 事業部　パートナー　公認会計士

EY Entrepreneurial Winning Women（女性起業家支援）Japan Leader

化学メーカー、化学系商社、スポーツメーカー、ライフサイエンス、小売業、EC ビジネス、エネルギー産業、不動産業、物流業、人材派遣業など多様な業種の法定監査に従事。IPO 支援業務、IFRS 導入支援等のアドバイザリー業務にも従事。

化学セクターリーダー、WindS（EY Japan で働く女性構成員のためのネットワーク）代表の経験あり。

土屋紗喜子（つちや　さきこ）

EY 新日本有限責任監査法人　FAAS 事業部　マネージャー　公認会計士

中央省庁や地方自治体、大学等のパブリックセクター（主に教育分野）のコンサルティングや会計監査業務に従事。2019 年から 2021 年には文部科学省高等教育局に出向し、大学等の国際化を促進する業務に携わる。世田谷区男女共同参画・多文化共生推進審議会委員。共著として『詳細解説研究機関の公的研究費管理・監査ガイドライン Q&A』。

渡邉真砂世（わたなべ　まさよ）

EY 新日本有限責任監査法人　FAAS 事業部　アソシエートパートナー

金融系シンクタンクを経て現職。中央省庁・地方自治体が企業に提供する補助金等の支援プログラム、特区制度等に関する調査研究実績多数。その知見を活用して、国内外の企業に対して支援プログラムの活用に関する助言を行っている。

2025 年 2 月 10 日　　初版発行　　　　　　　　略称：女性会社経営

会社経営の教科書
―女性起業家が知っておきたい会社づくりのきほん―

編　者	EY 新日本有限責任監査法人
	Entrepreneurial Winning Women（EWW）
発行者	中　島　豊　彦

発行所　同 文 舘 出 版 株 式 会 社
東京都千代田区神田神保町 1-41　　〒 101-0051
営業（03）3294-1801　　編集（03）3294-1803
振替 00100-8-42935　https://www.dobunkan.co.jp

© 2025 Ernst & Young ShinNihon LLC.　　DTP：マーリンクレイン
All Rights Reserved.　　　　　　　　印刷・製本：三美印刷
Printed in Japan

ISBN978-4-495-38472-2

JCOPY〈出版者著作権管理機構　委託出版物〉
本書の無断複写は著作権法上での例外を除き禁じられています。複写され
る場合は、そのつど事前に、出版者著作権管理機構（電話 03-5244-5088、
FAX 03-5244-5089、e-mail: info@jcopy.or.jp）の許諾を得てください。

本書とともに

IPOをやさしく解説!
上場準備ガイドブック
(第5版)

EY新日本有限責任監査法人　編

IPOを目指す企業の経営者や実務担当者が知っておきたいIPO業務全般について、わかりやすく解説しています。

A5判・並製・246頁
税込 2,530円（本体 2,300円）

監査役監査の基本がわかる本
(第5版)

EY新日本有限責任監査法人　編

会社法の監査役制度に関する改正に対応しました。監査役監査を理解する際の「必携の1冊」として役立ちます。

A5判・並製・288頁
税込 3,300円（本体 3,000円）

同文舘出版株式会社